Bilingual-Bilingüe

La Cocina Ecuatoriana
recetas tradicionales vegetarianas y de mariscos

The Ecuador Cookbook
traditional vegetarian and seafood recipes

Latin American Cuisine-Cocina Latinoamericana

La Cocina Ecuatoriana
recetas tradicionales vegetarianas y de mariscos

The Ecuador Cookbook
traditional vegetarian and seafood recipes

© Christy Buchanan & César Franco

Primera Edición / First Edition
texto y diseño / text and design:
Christy Buchanan & César Franco
Pintura de la portada/ Cover painting:
"¿Y la viela?" / "And the brewski?"
Acrílico y oleo pastel sobre lienzo /
Acrylic and oil pastel on canvas 1998
de / by: Elke Romy Hartmann
Impresión / Printing: Senefelder

ISBN-9978-40-459-7
Derechos de Autor: 011754
Quito, Ecuador 1998
(Reimpresión / Reprint 2001)
Impreso en/ Printed in Ecuador

La Cocina Ecuatoriana

recetas tradicionales vegetarianas y de mariscos

The Ecuador Cookbook

traditional vegetarian and seafood recipes

Christy Buchanan & César Franco

CONTENIDO

CONTENTS

Nuestro libro de cocina presenta especialidades vegetarianas y de mariscos de Ecuador. Aunque la carne es una parte común de la dieta, una abundancia de comida vegetariana es preparada típicamente. Estas recetas honradas por el tiempo vienen de verdaderos cocineros en hogares y restaurantes.

Las frutas y los vegetales de Ecuador son tan diversos como su clima y su geografía. La proximidad entre regiones agrícolas de la sierra y de la costa provee la oportunidad para una variedad de combinación de sabores. Los ingredientes usados en estas recetas, sin embargo, son fáciles de encontrar en Ecuador y el extranjero.

Las comidas más deliciosas y características de Ecuador a menudo no son conocidas por sus visitantes. Aunque el Cebiche es un plato común Latino Américano, sopa fría de mariscos es un desayuno inusual para el neófito. Favoritos regionales como el Viche y la Cazuela son pasados por alto, porque el nombre no ofrece explicación del contenido. Los viajeros que se apegan a alimentos y ambientes que les son familiares frecuentemente ignoran las delicias ofrecidas por vendedores de la calle y mercados locales.

Lo invitamos a descubrir la originalidad y excelencia culinaria de Ecuador. Use este libro para familiarizarse con sabores únicos mientras viaja por el país, o llévelo a su hogar para añadir platos distintivos a su mesa. Con estas recetas auténticas y unos pocos ingredientes frescos, usted puede traer sus sentidos gustativos a la linea ecuatorial en cualquier momento.

¡Buen provecho!

Our cookbook features vegetarian and seafood specialties of Ecuador. Although meat is a common part of the diet, an abundance of vegetarian meals are traditionally prepared. These time honored recipes come from real cooks in family homes and restaurants.

The fruits and vegetables of Ecuador are as diverse as its climate and geography. The proximity of mountain and tropical agricultural regions provides the opportunity for a variety of flavor combinations. The ingredients used in these recipes are, however, easy to find in both Ecuador and abroad.

The most delicious and characteristic meals of Ecuador are often unnoticed by visitors. While Cebiche is a common Latin American dish, cold shrimp soup is an unusual breakfast item for the unacquainted. Regional favorites like Viche or Cazuela are missed because the name offers no explanation of the food. Travelers who stick to familiar foods and environments frequently ignore the delicacies offered by street vendors and local markets.

We invite you to discover the culinary originality and excellence of Ecuador. Use this cookbook to acquaint yourself with unique tastes while in Ecuador or to bring distinctive dishes to your table at home. With these authentic recipes and a few fresh ingredients, you can bring your tastebuds to the equator anytime.

Buen provecho!

(Bwhen Pro-vetch-oh: a phrase -said upon entering or leaving a restaurant or dining room- that wishes those that are eating to be blessed by the food.)

Como usar su libro de cocina

Para asegurar que sus recetas salgan sabrosas, por favor lea la sección Ingredientes y Utensilios.

Cada capítulo tiene las recetas en orden alfabético según los nombres en español, excepto la sección Ingredientes y Utensilios, que está en orden alfabético en ambos idiomas. La mayoría de los nombres no tienen un equivalente en Inglés.

Cada receta incluye una descripción del plato y como se sirve.

Las recetas son para cuatro personas al menos que esté indicado de otra manera.

Los ingredientes se enumeran según el orden a ser usados.

Muchas recetas son seguidas por variaciones tradicionales del mismo plato.

Consejos útiles y sugerencias acompañan las recetas.

Casi todas las recetas pueden ser preparadas sin productos animales.

How to use your cookbook

 To assure your recipes turn out tasty please look through the Ingredients and Utensils section.

Each chapter has the recipes alphabetically arranged according to their Spanish names, except for the Ingredients y Utensils section, which is alphabetically arranged in both languages. Most of the names do not have an English equivalent so don't hesitate to use the phonetic interpretation of the Spanish names.

Each recipe includes a description of the dish and how it is served.

The recipes are enough for four people, unless otherwise indicated.

The ingredients are listed in order of their addition.

Many recipes are followed by traditional variations of the same dish.

Helpful hints and suggestions accompany each recipe.

Most of the recipes can be prepared without animal products.

ingredientes y utensilios

Esta es una lista de ingredientes, utensilios y técnicas típicos de la cocina ecuatoriana. Aunque los ingredientes no son inusuales, la variación de país a país en el tamaño de frutas y vegetales podría afectar la receta. Use esta lista para comparar. Si no hay algún ingrediente en su tienda local, este será fácil de encontrar en los mercados de especialidades o tiendas naturistas.

Aceite de Maíz es comúnmente usado, y tiende a dar a la comida un sabor mantequilloso. Use su tipo favorito.

Aceite de Oliva se usa para ocasiones especiales o se pone en la mesa como un condimento.

Achote o Achiote, conocida en Inglés como annato, es una semilla roja pequeña usada para colorear alimentos. La semilla en sí misma no se come, sino que se hierve en aceite y se cierne. Este aceite colorado toma el nombre de la semilla.

Achotera es una olla pequeña usada para hacer y guardar achote. Está diseñada para cernir las semillas del aceite. Las semillas permanecen adentro, y pueden usarse dos o tres veces. Sustituir con una olla pequeña o una lata de atún vacía, sin tapa ni etiqueta. Usar un cernidor de malla metálica para separar el aceite de las semillas.

Ají es un pimiento pequeño rojo picante, ligeramente más fuerte que un jalapeño. Sustituir con jalapeños o cualquier otro pimiento picante, preferiblemente de color rojo.

Ajo es mas pequeño y menos fuerte que el típicamente encontrado en Estados Unidos (EE.UU.). De 3 a 5 dientes machacados hacen 1 Cucharada.

ingredients and utensils

Here is a list of typical ingredients, utensils and techniques of the Ecuadorian kitchen. While the ingredients are not unusual, the differences in fruit and vegetable sizes from country to country could affect the recipes. Use the list to compare produce. If some ingredients are not available in your local grocery store, they are easy to find in specialty markets or health food stores.

Achote or Achiote, known in English as annatto, is a small red seed used to color food. The seed itself is not eaten, but boiled in oil then strained. This colored oil takes the name of the seed.

Achoteras are small pots used to make and store achote. It is designed to strain the seeds from the oil. The seeds stay inside, and can be reused two or three times. Substitute a small pan or an empty tuna can with the lid and label removed. Use a wire mesh strainer to separate the oil from the seeds.

Ají is a small red pepper, slightly hotter than a jalapeño. Substitute jalapeños or any hot (preferably red) pepper.

Cheese typically used is fresh and white. It is soft, salty, and mild compared to aged cheese. Good cooks taste their cheese to know how much salt is being added to the dish. Queso Fresco (Fresh Cheese) is similar to Ecuadorian cheese and is widely available in U.S. supermarkets. Substitute farmers or mozzarella cheese. Of course aged cheeses work but they change the flavors of the dish. Replace crumbled cheese with grated cheese or strained cottage cheese.

Corn has relatively large, tough kernels compared to sweet corn. Known as Choclo, it needs to cook on the cob for at least half an hour. Reduce cooking times and use less water for sweet corn.

Arroz, blanco, de grano mediano a largo, es un elemento tradicional principal. En Ecuador debe ser limpiado y lavado antes de cocinarse.

Azúcar tiene cristales grandes que no son extra blancos. Es menos refinada que la de EE.UU. y menos dulce taza por taza. Una taza de azúcar menos refinada equivale a 2/3 de taza de azúcar extra refinada.

Camarón es relativamente barato y normalmente vendido con cabeza. El tamaño que usamos, excepto para Cebiche, da 25 a 30 camarones por libra. Quíteles la cabeza, la cáscara, la cola, y límpielos. Sustituir con tofú u hongos.

Cebolla Blanca normalmente es tan gruesa como el dedo pulgar. Una cebolla picada da casi 1/4 de taza.

Cebolla Colorada es un ingrediente esencial. En una libra hay unas 3 cebollas .

Cernideras o Coladores, de metal o plástico, son esenciales para la preparación de bebidas y útiles para otras tareas. Las cocinas están equipadas con coladores que van de 5 a 20 centímetros de diámetro. Poner el colador sobre un receptáculo y verter el líquido en el colador. Usar una cuchara para cuidadosamente majar el líquido a través de la malla. Raspar la parte exterior del colador con la cuchara para evitar obstrucciones.

Choclo tiene granos relativamente grandes y duros comparado al choclo dulce. Para ser cocinado en la tusa necesita una media hora. Reduzca el tiempo de cocción y use menos agua si usa choclo dulce.

Choclo Desgranado se usa para hacer recetas con choclo licuado. Desgranar la tusa sobre un cuenco con el costado del dedo pulgar -o- cortar los granos de la tusa a un plato poco profundo, con un cuchillo afilado. Puede reemplazar los granos de choclo fresco con granos de choclo congelado o de lata.

Corn, De-cobbed is used for making blended corn recipes. Pop the kernels from the cob into a bowl with the side of your thumb -or- slice kernels into a shallow bowl with a sharp knife. Substitute corn cut from the cob with frozen or canned corn kernels.

Corn Rounds are served in some soups. They look nice and make the soup more of a meal. Don't be shy about eating the pieces of corn on the cob with your fingers. Cut through the peeled cob half way, then carefully wiggle the knife inside the cob to "snap off" each half inch piece.

Cilantro is always used fresh. If you or a guest has an aversion to this herb substitute fresh parsley.

Fish for our recipes are skinless, boneless fillets. Sea Bass, Halibut, and Mahi-Mahi are commonly eaten. Red snapper is a yummy substitute.

Flame Tamers are metal plates used under a pot to evenly distribute stovetop heat. This tool is used for making Ecuadorian style rice. The flame tamer gets very hot.

Garlic is smaller and less pungent than typically found in the US. Three to five minced cloves equals 1 Tablespoon.

Gluten or Seitan, although not typically Ecuadorian, is a healthy meat substitute processed from wheat flour.

Green Peppers are essential to most sauces. There are about 5 green peppers in a pound.

Limes are used to cure foods as well as to add flavor to many meals. Do not substitute lemons or bottled lime juice for fresh limes. There is about 1 Tablespoon of juice per lime. **Cut Lime** accompanies many snacks and meals. To slice a lime for easy squeezing make two parallel cuts, one on each side of the part

Choclo en Rodajas es servido en algunas sopas. Se ve bien y convierte mas a la sopa en una comida completa. No se averguence de comer la rodaja con la mano. Cortar la tusa hasta la mitad y cuidadosamente menear el cuchillo dentro de la tusa para "romper" cada pedazo de unos tres centímetros.

Cuchara de Madera se usa para cocinar salsas y sopas que tengan plátano o banana. Esto evita que la fruta se vuelva negra. Dicen que es mejor remover salsas y sopas que lleven leche, en una sola dirección, esto impide que la leche se corte. Sustituir con una cuchara de plástico.

Culantro se usa siempre fresco. Si Ud. o un invitado tiene una aversión a esta hierba puede omitirla o sustituirla con perejil fresco.

Gluten o Seitan, aunque no es típico ecuatoriano, es un reemplazo saludable para la carne, hecho de harina de trigo.

Lata es un plato metálico usado debajo de la olla, para distribuir el calor uniformemente. Esta herramienta se usa para hacer arroz al estilo ecuatoriano. La lata se calienta bastante.

Leche entera y leche en polvo son usadas normalmente. La leche de soya, de arroz y/o de avena también funcionan en las recetas.

Limón se usa para encurtir alimentos así como para añadir sabor a muchas comidas. No sustituya el jugo fresco de limón con el del limón dulce o el del jugo embotellado. En cada limón hay aproximadamente 1 Cucharada de jugo. **Limón en Rodajas** acompaña muchos bocadillos y comidas. Para cortar el limón y que sea fácil de exprimir, haga dos cortes paralelos, uno a cada lado de la parte que estuvo unida al árbol. Las semillas deberían quedarse en el pedazo del medio, que es desechado o puede usarse para hacer limonada.

that was attached to the tree. The seeds should stay in the middle section which is normally discarded or used to make lime-ade.

Mashing Stones are fist sized river rocks used against a cutting board. Substitute a sturdy bottle or a rolling pin, but we love the aesthetic of a good kitchen rock.

Mesh Strainers, plastic or metal, are essential for drink making and helpful for other tasks. Kitchens are equipped with strainers ranging from 2 to 8 inches in diameter. Place strainer over a receptacle and pour in pulp. Use a spoon to gently push liquid from pulp. Scrape outside of the strainer with spoon to prevent clogs.

Milk, whole and powdered are normally used. Soy, rice, a/o oat milks also work in the recipes.

Naranjilla is a sour fruit that grows on the equator. It has hairy bright orange skin with green seedy flesh. The pulp is used for drinks and stews. Recipes calling for this rare fruit include authentic substitutions.

Oil, Corn is commonly used and tends to give food a buttery flavor. Use your favorite kind.

Oil, Olive is used for special occasions or as a condiment on the table.

Onion, Red is an essential ingredient. There are about 3 red onions in a pound.

Onion, Green is normally as fat as your thumb. One chopped green onion gives almost a quarter cup.

Parsley is always used fresh.

Peanuts are commonly bought raw without the shell, then toasted, peeled, and ground at home. Speedy cooks use unsweetened

Maní se compra comúnmente crudo sin la cáscara. Se tuesta, se pela y se muele en casa. Los cocineros veloces usan mantequilla de maní cremosa, sin endulzar, diluida con agua en una licuadora.

Naranjilla es una fruta agria que crece en Ecuador. Tiene una cáscara anaranjada brillante con pelusa, y comida verde con muchas semillas. La pulpa se usa para bebidas y salsas. Los reemplazos para esta fruta, que incluyen las recetas, son tradicionales.

Papas se pelan siempre. Comúnmente se lavan antes y después de pelarlas. Hay docenas de variedades en el Ecuador. Cualquier papa servirá. Una libra tiene unas 4 papas.

Perejil siempre se usa fresco

Pescado usado en nuestras recetas es en filetes, sin espina ni piel. Corvina, Dorado, Atún, Lenguado y Pargo, se comen comúnmente.

Piedra de Moler es una piedra de río, del porte del puño de la mano, usada contra una tabla de cortar. Sustituir con una botella robusta, un mazo, pero a nosotros nos gusta la estética de una buena piedra de cocina.

Pimientos son esenciales para la mayoría de las salsas. En una libra hay unos 5 pimientos medianos.

Plátano es una banana grande que tiene que ser cocinada. El plátano verde, "Verde", no es dulce y se usa de una manera parecida a las papas. Debe estar todo color verde. Si compra Verdes y los guarda refrigerados, permanecerán verdes por cerca de una semana. El plátano amarillo, "Maduro" es dulce, está maduro, y toma menos tiempo en cocinarse. Debe estar amarillo con manchas negras.

PARA PELAR, cortar ambas puntas y levemente cortar a través de la cáscara, de punta a punta, a lo largo del exterior y del interior de la curvatura. Deslizar el dedo pulgar bajo la cáscara cortada, a lo largo del exterior de la curvatura, mantenien-

creamy peanut butter diluted with water in a blender.

Plantain is a large starchy banana that must be cooked. Green plantain, "verde", is not sweet and used in a similar way as potatoes. They should be all green. If you buy green plantains and store refrigerated, they will stay green for about a week. Yellow plantain, "maduro", is ripe and sweet and takes less time to cook. They should be yellow with black spots.
TO PEEL, cut off both ends and slice gently through the skin from end to end along the outside and the inside of the curve. Slide your thumb beneath the sliced skin, along the outside of the curve, while holding the plantain under running water. The water keeps your hands from getting sticky. Peel skin off in 2 large sections if possible.
* The peel releases a sticky sap that will stain clothing.
* If skin is sticking to the fruit, peel off as much as you can, and cut the rest off with a knife.
* If you are not using the peeled plantains immediately, keep them in a bowl of cold water or sprinkle with lime juice to avoid darkening.
* Achote in the sauce and cooking with a wooden spoon keeps the plantain from getting dark.
* If you are frying the plantain, do not peel under water or be sure to dry it before you begin slicing.
* If no green plantains are available, which would never be a problem in Ecuador, substitute 2 very green bananas for each plantain.

Potatoes are always peeled. They are usually washed before and after peeling. There are dozens of varieties in Ecuador. Any hard potato will do. One pound has about 4 potatoes.

Quinoa is a nutty flavored grain grown in the high Andes. It is easy to cook and high in protein. Most Quinoa must be rinsed several times before cooking to remove the bitter flavor.

do el plátano bajo un chorro de agua. El agua evita que las manos se pongan pegajosas. Pelar en 2 pedazos grandes de ser posible.

* La cáscara suelta una savia pegajosa que mancha la ropa.

* Si la cascara está bien pegada, pele lo que mas pueda y saque el resto con un cuchillo.

* Si no va a usar el plátano pelado inmediatamente, guárdelo en un cuenco con agua fría, o rócielo con jugo de limón para evitar que se oscurezca.

* Que la salsa lleve achote, y usar una cucharada de madera, evita que el plátano se vuelva oscuro.

* Si va a freír el plátano, no lo pele bajo el agua o asegúrese de secarlo con una toalla antes de rebanarlo.

* Si no hay Verdes disponibles, lo que nunca sería un problema en Ecuador, use 2 guineos (bananas) muy verdes por cada plátano.

Queso fresco y blanco es el típicamente usado. Es suave, generalmente salado y de sabor menos fuerte, comparado con el queso maduro. Los cocineros buenos prueban su queso para saber cuanta sal le estan agregando al plato. "Queso Fresco," es similar al queso ecuatoriano y ampliamente disponible en supermercados en EE.UU. Sustituir con farmers cheese o mozzarella. Por supuesto que los quesos maduros también se pueden usar pero cambian el sabor del plato. Reemplace queso desmenuzado con queso rallado o cottage cheese cernido.

Quinua es un grano sabor a nuez, que crece en Los Andes. Es fácil de cocinar y alto en proteína. Al menos que venga prelavada, la Quinua debe ser lavada muchas veces, antes de ser cocinada para sacarle el sabor amargo.

Sal es de grano mas grueso, y por lo tanto es menos salada cucharada por cucharada que la sal extra refinada. Hemos dado cantidades sugeridas, pero use a su gusto.

Rice, white, medium to long grained, is a traditional staple. In Ecuador, it must be cleaned and washed before cooking.

Salt has courser grains than extra refined salt, so it is less salty spoon for spoon. We have given suggested quantities, but add it according to your taste.

Shrimp is relatively cheap and normally sold with the head. Except for cebiche, we use 25-30 count shrimp (shrimp per pound). Remove the head, shell, and tail, then devein. Substitute tofu or mushrooms.

Sugar, Granulated, has large crystals and is not super white. It is less refined than sugar in the U.S. and less sweet cup for cup. Substitute 2/3 cup extra refined sugar for one cup less refined sugar.

Tempeh is a meat substitute made from sprouted soybeans. Its texture resembles chicken. Although soy products are not typically Ecuadorian, they are delicious, low-fat, and full of protein and calcium.

Tofu, although not traditional, is an excellent substitute for cheese and fish. It is a soft, white, non-dairy "cheese" made from soybean milk.

Tomatoes are used in sauces and salads. There are about 3 tomatoes in a pound.

Wooden Spoons are used when making soups and sauces that have plantain or banana. This keeps the fruit from turning dark. They say that stirring milk based soups and sauces in one direction keeps them from curdling. Substitute a plastic spoon.

Tempeh es un sustituto para la carne, hecho de brotes de frejol soya. Su textura se parece a la del pollo. Aunque estos productos de soya no son típicos ecuatorianos, son deliciosos, bajos en grasas y altos en proteínas y calcio.

Tofú, aunque no es una comida tradicional ecuatoriana, es un sustituto excelente para mariscos y queso. Es un "queso" no lácteo, suave, blanco, hecho de la leche del frejol soya.

Tomate se usa en salsas y ensaladas. En una libra hay unos 3 tomates .

Tiempos, temperaturas, y equivalencias

La "cocción lenta" en hornilla necesita temperaturas más bajas (medio a medio-alto), y un tiempo de cocción más largo. La comida requiere menos atención mientras se cocina, y se logran sabores más ricos.

La "cocción rápida" en hornilla necesita temperaturas más altas (medio-alto a alto), para considerablemente reducir el tiempo de cocción. Sin embargo, se necesita remover más la comida para evitar que se pegue o se queme.

Si estas recetas son nuevas para usted, comience con la "cocina lenta". A medida que Ud. se familiarice con estos platos, su velocidad y habilidad en prepararlos aumentará.

Temperaturas del Horno / Oven Temperatures

F	=	C	=	aprox. / about
300		150		suave / low
325		160		
350		175		moderado / medium
375		190		
400		200		caliente / hot
425		222		
450		230		muy caliente / very hot

Cooking times, temperatures, and equivalents

"Slow cooking" uses lower stovetop temperatures (medium to medium-high) and longer cooking times. Rich flavors develop and the cooking food requires less attention.

"Fast cooking" uses higher stovetop temperatures (medium-high to high) to substantially reduce cooking times. The cooking food needs almost constant stirring, however, to keep from burning or sticking.

If these recipes are new to you, begin with slow cooking. As you become familiar with the dishes your speed and skill at preparing them will improve.

Equivalencias / Equivalents

3 cucharaditas / teaspoons	=	1 Cucharada / Tablespoon
4 Cucharadas / Tablespoons		1/4 taza / cup
5 1/3 Cucharadas / Tablespoons		1/3 taza / cup
8 Cucharadas / Tablespoons		1/2 taza / cup
12 Cucharadas / Tablespoons		3/4 taza / cup
16 Cucharadas / Tablespoons		1 taza / cup
1 taza / cup		1/4 litro / liter
2 tazas / cups		1/2 litro / 1 pint
4 tazas / cups		1 litro / 1 quart

s a l s a s

Estas son las salsas y los condimentos principales que caracte-
rizan la comida ecuatoriana.

Achote

es un aceite colorado, usado para dar color a la mayoría de las
salsas y sopas. Las recetas que piden achote se refieren a este
aceite.

> 1 Cucharada de semillas de achote (p.10)
> 1 Cucharada de aceite

El achote mancha.
Las semillas fres-
cas se usan como
tinte.

PONER las semillas y el aceite en la
achotera (p.10). CALENTAR hasta que el
aceite empiece a hervir. CERNIR el aceite de las semillas directamente a la salsa.
NO BOTAR las semillas, pueden ser usadas dos o tres veces.

Ají

es una salsa picante que acompaña toda comida. En vez de cocinar los platos picantes, el ají se añade al gusto. Lo picante va
de apacible a volcánico y sus variaciones son ilimitadas. Sírvalo en
un cuenco pequeño con una cucharita. Refrigere los sobrantes en
un frasco con tapa.

> Ají con Zanahoria
> 4 ajíes (p.10), 3 sin semillas
> 1 cebolla colorada pequeña, picada fina
> 1 zanahoria pequeña, picada fina
> 1 taza de agua hirviendo
> 1 Cucharada de aceite
> 2 Cucharadas de jugo fresco de limón
> 1/4 cucharadita de sal
> 1 Cucharada de culantro picado (opcional)

These are the principal homemade sauces and condiments that characterize Ecuadorian food.

Achote
(Ah-cho-tay) is a red oil used to color most sauces and soups. Recipes calling for achote refer to this red oil.

1 Tablespoon annatto seeds (p.11)
1 Tablespoon oil

PLACE seeds and oil in an achotera (p.11). HEAT until oil just boils. STRAIN oil from seeds directly into your sauce. SAVE the seeds, they can be reused 2 or 3 times.

Achote will stain. Fresh seeds are traditionally used as a dye.

Ají
(Ah-hee) is a hot sauce that accompanies every meal. Instead of cooking with hot peppers, ají is added according to personal tastes. The hotness ranges from mild to volcanic, and its variations are unlimited. Serve ají in a small bowl with a teaspoon. Refrigerate leftovers in a lidded jar.

Ají with Carrot
4 ají peppers (p.11), 3 without seeds
1 small red onion, finely diced
1 small carrot, finely diced
1 cup boiling water
1 Tablespoon oil
2 Tablespoons fresh lime juice
1/4 teaspoon salt
1 Tablespoon minced cilantro (optional)

Este Ají se pone menos picante con el tiempo.

Si le gusta extra picante use más ajíes. Sino, use menos, y/o quítele algunas de las semillas.

PICAR los ajíes. PONER en un recipiente con la cebolla y la zanahoria. AGREGAR el resto de los ingredientes excepto el culantro. LICUAR la mitad de la mezcla y regresarla al recipiente. AGREGAR el culantro una vez que el Ají esté frío.

Ají Licuado
5 ajíes (p.10)
1/3 taza de agua
2 Cucharadas de aceite
1/2 cucharadita de sal
1 Cucharada de cebolla blanca picada fina
1/2 Cucharada de culantro picado fino

LICUAR los primeros 4 ingredientes por 2 minutos. AÑADIR la cebolla y el culantro.

Ají Picado
1 ají (p.10), sin semillas
1/4 taza cebolla blanca picada fínamente
2 Cucharadas de jugo fresco de limón
1/2 cucharadita de sal
1/4 taza de agua
1 cucharadita de culantro picado

PICAR el ají. MEZCLAR todos los ingredientes en el recipiente para ají.

Ají no picante
se prepara como el Ají Picado pero sin el pimiento picante, ají. Este es un condimento fresco y sabroso, pero no picante.

MINCE the peppers. PLACE in ají container with onion and carrot. ADD remaining ingredients, except cilantro. PUREE half the mixture in a blender, and return to container. ADD cilantro once Ají has cooled down.

This Ají gets less hot with age.

Blended Ají
5 ajis (p.11)
1/3 cup water
2 Tablespoons oil
1/2 teaspoon salt
1 Tablespoon minced green onion
1/2 Tablespoon minced cilantro

If you like it extra hot use more peppers. If not, use fewer peppers a/o remove some of the seeds.

BLEND first four ingredients for 2 minutes. STIR in onion and cilantro.

Minced Ají
1 ají pepper (p.11), seeds removed
1/4 cup finely chopped green onion
2 Tablespoons fresh lime juice
1/2 teaspoon salt
1/4 cup water
1 teaspoon minced cilantro

MINCE hot pepper. MIX all ingredients in ají container.

Ají Without Pepper
is prepared like Minced Ají without the hot pepper. This is a fresh tasting condiment, but not piquant.

Aliño

es un condimento de ajo y comino licuados, para carnes, pescado y salsas. Normalmente se prepara en cantidades grandes y se guarda refrigerado en un frasco con tapa.

Si UD. hace un refrito licuado (p.28) y necesita aliño rápido, agréguele 1 o 2 dientes de ajo, una pizca de comino y una pizca de sal a la licuadora, por cada Cucharada de aliño que pida la receta.

mas o menos 1 taza

1/2 taza de ajo, dientes pelados
1 Cucharada de comino molido
1/2 taza de agua
1/2 cucharadita de sal

PONER todo los ingredientes en una licuadora. LICUAR bien.

3 Cucharadas

1 Cucharada de ajo machacado
1/2 cucharadita de comino molido
2 Cucharadas de agua
1 pizca de sal

MEZCLAR todo los ingredientes.

Refrito

es, cebolla, pimiento y tomate fritos con aceite y agua, la base de muchas recetas. A menudo se le añade aliño y/o achote, mientras que tomate y pimiento son ocasionalmente omitidos. A veces es cocinado por media hora, y otras por solo cinco minutos. Las recetas indican los ingredientes exactos, así como el tiempo de cocción. El refrito licuado es rápido de hacer y apropiado para la mayoría de las recetas. El refrito picado es más tradicional. El secreto es cortar los vegetales lo suficientemente finos para que se disuelvan mientras se cocinan.

1 tomate, cortado en cuatro
1 pimiento, sin semillas, cortado en cuatro
1 cebolla colorada, pelada, cortada en cuatro
1 taza de agua

Aliño

(Ah-lean-yo) is a pureed garlic and cumin seasoning for meats, fish, and sauces. Normally made in large quantities, it is kept refrigerated in a lidded jar.

about 1 cup

1/2 cup garlic cloves, peeled
1 Tablespoon ground cumin
1/2 cup water
1/2 teaspoon salt

PLACE all ingredients in a
blender. BLEND until smooth

If you are making a blended refrito (p.29) and need some fast aliño, add one or two garlic cloves, a pinch of cumin and a pinch of salt to blender for each Tablespoon of aliño called for in the recipe.

3 Tablespoons

1 Tablespoon minced garlic
1/2 teaspoon ground cumin
2 Tablespoons water
1 pinch salt

MIX all ingredients.

Refrito

(Ray-free-toe) is onion, tomato, and green pepper fried with oil and water, the basis for many recipes. Aliño a/o Achote are often added while tomato and green pepper are occasionally omitted. Sometimes it is cooked for half an hour and other times only for five minutes. The recipes indicate exact ingredients and cooking times. Blended refrito is fast to prepare and suitable for most recipes. Minced refrito is more traditional. The secret is cutting the vegetables small enough to dissolve while cooking.

1 tomato, quartered
1 green pepper, deseeded and quartered
1 red onion, peeled and quartered
1 cup water

Prepare su refrito en una olla, si está haciendo una receta que añade el resto de los ingredientes a la misma olla. Si va añadir el refrito a la receta, use una sartén.

Refrito licuado
LICUAR los vegetales con casi toda el agua. PONER en una sartén u olla. ENJUAGAR la licuadora con el agua restante y añadirla al refrito y hervir.

Refrito Picado
PICAR los vegetales. PONER en una sartén u olla con agua y hervir.

Salsa de Cebolla o Cebolla Encurtida
es cebolla colorada usada como condimento. Esta es una manera deliciosa de suavizar el sabor de la cebolla cruda.

Una cernidera es útil para enjuagar la cebolla.
La cebolla se pondrá verdosa mientras reposa en la sal. Este color se va con la enjuagada. La cebolla se pondrá rosada con el jugo de limón.
No sustituya el jugo fresco de limón con nada.

1 cebolla colorada, pelada
1 Cucharada de sal
1/2 Cucharada de jugo fresco de limón

CORTAR la cebolla en dos. REBANAR cada mitad tan finamente como sea posible. ENJUAGAR las tiras. RESTREGAR completamente la sal en la cebolla. Dejar REPOSAR mínimo por 10 minutos. ENJUAGAR la cebolla varias veces para quitar el exceso de sal. EXPRIMIR el agua. AGREGAR el jugo de limón. ENCURTIR mínimo por 10 minutos más.

Blended refrito

PURÉE vegetables with most of the water. POUR into skillet or pot. RINSE blender with remaining water and add to refrito and bring to boil.

Minced refrito

MINCE vegetables. PLACE in skillet or pot with water and bring to boil.

Prepare your refrito in a pot if you are making a recipe that adds remaining ingredients into the same pot. Use a skillet if you are adding refrito to the recipe at a later time.

Onion Sauce or Cured Onion

is marinated red onion used as a condiment. This is a delicious way to mellow the flavor of raw onion.

1 red onion, peeled
1 Tablespoon salt
1/2 Tablespoon fresh lime juice

CUT onion in half. SLICE each half as finely as possible so you have thin strips. RINSE strips. Thoroughly RUB salt into onion. MARINATE for at least 10 minutes. RINSE onion strips several times to remove excess salt. SQUEEZE out water. ADD lime juice. MARINATE at least 10 more minutes.

A mesh strainer works well for rinsing onion. The onions will turn greenish while marinating in salt. This color rinses away and the onion will turn pink with the lime juice. Don't substitute anything for the fresh lime juice.

bocadillos y platos acompañantes

La gente come por todas partes en Ecuador. Quien puede resistir cuando en las calles hay olores de bocadillos frescos. Viajes frecuentes nos han dado la oportunidad de saborear y conocer una variedad de delicias locales. Pruébelas todas.

Arroz
se sirve con la mayoría de las comidas. A diferentes alturas se requieren métodos diferentes para hacer un buen arroz. Sirva arroz estilo Ecuatoriano o su tipo favorito.

2 tazas de arroz blanco*
4 tazas de agua
1 cucharadita de sal
1 Cucharada de aceite

A Gran Altura - Los Andes
FREIR el arroz con el aceite, removiendo constantemente hasta que se dore. AÑADIR el agua y la sal al arroz. REMOVER para evitar que se pegue. TAPAR cuando esté hirviendo y reducir el fuego a muy bajo. COCINAR a fuego lento sin remover hasta que el agua sea absorbida, unos 15 minutos.

Poca Altura - La Costa
HERVIR el arroz, el agua, y la sal. REMOVER ocasionalmente para evitar que se pegue. HERVIR hasta que el nivel del agua esté a la par con el nivel del arroz. AÑADIR el aceite, removiendo. TAPAR y reducir el fuego a muy bajo. COCINAR a fuego lento sin remover hasta que el agua sea absorbida, unos 15 minutos.

*En Ecuador el arroz debe limpiarse y lavarse. Mida el arroz y póngalo en un platón. Sáquele cualquier piedrita, tierra o grano malo. Enjuáguelo varias veces con agua fría en un colador.

Si el arroz huele a quemado, añádale un cuarto de cebolla colorada para quitarle el sabor ahumado.

30

snacks and side dishes

People are munching everywhere in Ecuador. Who can resist when the streets are filled with smells of fresh snacks. Frequent travels have given us the opportunity to taste and learn about a variety of local treats. Try them all.

Rice
is served with most meals. Cooking at different altitudes requires different methods for preparing fluffy rice. Serve Ecuadorian style rice or your favorite kind.

2 cups white rice*
4 cups water
1 teaspoon salt
1 Tablespoon oil

High Altitude - the Andes
FRY rice with oil until golden, stirring constantly. ADD water and salt to rice. STIR to remove any stuck grains. COVER once boiling and reduce heat to very low. STEAM without stirring until water is absorbed, about 15 minutes.

*In Ecuador rice must be cleaned and washed. Measure rice and put on a plate. Pick out any stones, dirt, or bad grains. Rinse a few times with cold water in a strainer.

Low Altitude - the Coast
BOIL rice, water, and salt. STIR occasionally to keep from sticking. BOIL until level of water is about even with rice. STIR in oil. COVER and reduce heat to very low. STEAM without stirring until water is absorbed, about 15 minutes.

If rice ever smells burnt, stick a quarter of a red onion into cooking rice.

Arroz Colorado

es coloreado con achote, y normalmente se sirve con Guatita y Seco. Le añade un buen toque de color a cualquier comida.

> SEGUIR la receta de Arroz. SUSTITUIR el aceite con 2 Cucharadas de achote (p.22).

Cocolón

es una capa de arroz crocante, que se forma en el fondo de la olla al aumentar la cantidad de aceite y el tiempo de cocción.

> SEGUIR la receta del Arroz. USAR 1 o 2 Cucharadas más de aceite y PONER una lata (p.14) debajo de la olla al reducir el fuego. COCINAR a fuego lento por 20-25 minutos. Se formará mas cocolón si se deja cocinar por mas tiempo y/o se añade mas aceite. RASPAR del fondo de la olla y servirlo con cualquier comida. (Sea cuidadoso si tiene dientes sensibles, el cocolón puede ser bien crocante.)

Bolón

es una bola de plátano majado con queso, del porte del puño de la mano. El truco es trabajar rápidamente con el plátano caliente para que el queso se derrita. Esta delicia costeña da en el clavo servida con café, para el desayuno, o como un bocadillo.

2 a 4 bolones

2 plátanos Verdes, pelados (p.16)
1 Cucharada de aceite
1 Cucharada de mantequilla
1 cucharadita de sal
1/2 taza de queso desmenuzado

PRECALENTAR el horno a Caliente

Colored Rice

is made red with annato and typically served with Guatita and Seco. It adds a nice touch of color to any meal.

FOLLOW Rice recipe. SUBSTITUTE the oil with 2 Tablespoons achote (p.23).

Cocolón

(Coh-co-loan) is a crunchy layer of rice formed at the bottom of the pot by increasing oil and cooking time.

FOLLOW Rice recipe. USE an extra Tablespoon or two of oil. PLACE a flame tamer (p.13) under the pot when you reduce heat. STEAM for 25-50 minutes. More cocolón will form if you steam longer a/o add more oil. Scrape it from the pot and serve. (Be aware if you have sensitive teeth, the cocolón can be very crunchy.)

Bolón

(Bowl-Own) is a fist sized ball of mashed plantain and cheese. The trick is to work quickly with the hot plantain so the cheese melts. This coastal delicacy hits the spot when served with coffee for breakfast, or as a snack.

2 to 4 bolons

2 green plantains, peeled (p.17)
1 Tablespoon oil
1 Tablespoon butter
1 teaspoon salt
1/2 cup crumbled cheese

PREHEAT oven to 400 F. BAKE plantains

Si el plátano parece demasiado seco, agréguele más mantequilla.

Sustituya el plátano Verde por plátano Maduro. Reduzca el tiempo de cocción a 20-25 minutos.

Mantenga los bolones calientes en un plato en el horno apagado.

(200C/400F). HORNEAR los plátanos directamente en la parrilla del horno por unos 15 minutos. VOLTEAR y hornear hasta que estén blandos por dentro pero costrosos por fuera, unos 15 minutos más. SALPICAR la sal en una tabla de cortar grande. MACHACAR los plátanos sobre la tabla, trabajando rápidamente. AÑADIR el aceite y la mantequilla, amasando hasta que el plátano forme una masa con pedazos pequeños de tamaño uniforme (1 a 2 cm o menos). AMASAR el queso en el plátano. FORMAR bolas del porte del puño de la mano. SERVIR mientras todavía estén calientes en un plato pequeño con un tenedor.

Bolón con Maní

se prepara como anteriormente, remplazando el aceite con mantequilla de maní.

Chifles

son discos de plátano Verde, rebanados finamente y fritos hasta que estén crocantes. Muchas cocinas están equipadas con un rallador de verde para hacer chifles. Son bocadillos ricos por si solos, y un acompañamiento tropical para sopas y cebiches.

Asegúrese de mantener la temperatura del aceite. Si los plátanos se doran o se queman demasiado rápido, baje el fuego. Si toman mucho tiempo en cocinarse, suba la temperatura.

3 plátanos Verdes, pelados (p.16)
aceite para freír
sal

CORTAR los plátanos en rodajas tan finas como sea posible (sin exagerar). CALENTAR 6 milímetros de aceite en una sartén. PROBAR el aceite con un pedacito de Verde, el que debe burbujear al entrar en contacto, pero no quemarse.

directly on oven rack for 15 minutes. TURN and bake plantains until soft inside but crusty outside, about 15 more minutes. SPRINKLE a cutting board with salt. MASH plantains on board, working quickly. MASH in oil and butter until the plantains form a dough with small plantain pieces (1/2 inch or less). KNEAD cheese into plantain. FORM into fist sized balls. SERVE while still hot on a small plate with a fork.

If the baked plantains seem too dry add extra butter.

Substitute green plantain for ripe plantain. Reduce total baking time to 20-25 minutes.

Keep bolons warm on a plate in the turned off oven.

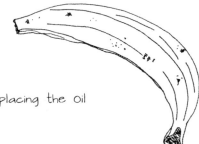

Bolón with Peanut
is prepared as above by replacing the oil with peanut butter.

Chifles
(Chee-flays) are thinly sliced plantain disks, fried until crunchy. Many kitchens are equipped with a plantain slicer for making thin chips. They are a good snack by themselves and a tropical accompaniment to soups and ceviches.

3 green plantains, peeled and dry (p.17)
oil for frying
salt

SLICE the plantains as thin as possible (without exaggerating). HEAT 1/4 inch of oil in a heavy skillet. TEST oil with a tiny piece of plantain, it should bubble on contact, but not burn. SPRINKLE a handful of plantain chips evenly into the oil. STIR

Be sure to maintain oil temperature. If the plantains are browning or burning too quickly, turn it down. If they are taking too long to cook, turn it up.

ESPARCIR uniformemente un manojo de rodajas en la sartén. MOVER con un cucharón de rejillas de metal o una espátula para evitar que se peguen. QUITARLOS rápidamente del aceite cuando estén dorados y crocantes, unos 30 segundos. ESCURRIRLOS y rociarlos con sal. REPETIR hasta que todos los chifles estén fritos.

Escurra los chifles sobre toallas o fundas de papel.

Corviche de Pescado

es una masa horneada de verde y maní, rellena de queso o pescado. Este bocadillo costeño tiene la forma de un dedo gordo. Diviértase haciéndolo con sus amigos.

10-15 corviches

1 cebolla blanca
1 cebolla colorada pequeña
3 Cucharadas de agua
1 Cucharada de achote (p.22)
2 cucharaditas de aliño (p.26)
1/4 libra de filete de pescado
comino molido y orégano
4 o 5 plátanos Verdes, pelados (p.16)
1 Cucharada de sal
3 Cucharadas de mantequilla de maní
1 yema de huevo (opcional)

El Corviche también se puede freír.

PRECALENTAR el horno a Moderado (175C/350F). PREPARAR un refrito licuado (p.26) con los primeros cuatro ingredientes mas 1 cucharadita de aliño. FREIR hasta que el agua se halla evaporado. Dejar ENFRIAR. CORTAR el pescado en pedazos del tamaño de un dedo y SAZONAR con el resto del aliño y las especias secas.

with a metal slotted spoon or spatula to keep from sticking. REMOVE quickly from oil when golden and crisp, about 30 seconds. DRAIN and SPRINKLE with salt. REPEAT until all the chifles are fried.

Drain chips on paper towels or bags.

Fish Corviche

(Core-vee-chay) is a baked plantain and peanut dough stuffed with fish or cheese. This coastal snack is shaped like a fat finger. Have fun making these with friends.

10-15 corviches

1 green onion
1 small red onion
3 Tablespoons water
1 Tablespoon achote (p.23)
2 teaspoons aliño (p.27)
1/4 pound fish fillet
ground cumin and oregano
4 green plantains, peeled (p.17)
1 Tablespoon salt
3 Tablespoons creamy peanut butter
1 egg yolk (optional)

PREHEAT oven to 350 F. PREPARE a blended refrito (p.27) with first four ingredients plus 1 teaspoon aliño. FRY until water has evaporated. Let COOL. CUT fish into finger size pieces. RUB fish pieces with remaining aliño and dry spices.

Corviches are also deep fried.

RALLAR los Verdes tan finamente como sea posible. SALPICAR la sal en una superficie plana. AMASAR el verde rallado hasta que no se pegue ni a las manos ni a la superficie con sal. EXPRIMIR cualquier liquido que salga del verde. AGREGAR amasando la mantequilla de maní y la yema (esto hará la masa pegajosa de nuevo). AÑADIR el refrito y continuar amasando hasta que no esté pegajosa.

MOJARSE las manos. AGARRAR una porción pequeña de la masa. APLANARLA sobre la palma de la mano. ENVOLVER la masa aplanada alrededor de un pedazo de pescado, cubriéndolo y sellándolo completamente. REPETIR hasta usar toda la masa, mojandose las manos cada vez. PONER los corviches en un plato de hornear engrasado. HORNEAR por 15 minutos. VOLTEARLOS y hornear por 20 minutos más. Servir caliente con ají.

Use atún de lata escurrido o tofú sazonado como relleno.

Corviche de Queso

se prepara como anteriormente, reemplazando el pescado con una cantidad igual de queso. Asegúrese de sellar la masa, para que el queso derretido no se salga.

GRATE plantains as fine as possible.
SPRINKLE salt on a flat surface. KNEAD
grated plantain until it doesn't stick to
your hands or the salted surface.
SQUEEZE out any liquid that the plantain
produces. KNEAD in peanut butter and
egg yolk (this will make dough sticky again).
ADD refrito and continue kneading until
not sticky.

WET your hands. GRAB a small ball of
dough. FLATTEN in your palm. WRAP the
flattened dough around a piece of fish so
it is covered and well sealed. REPEAT
using all the dough, wetting your hands
each time. PLACE corviches on a
greased baking dish. BAKE for 15 minutes.
TURN and bake for 20 more minutes.
Serve hot with ají.

Cheese Corviche

is prepared as above by replacing the fish
for an equal amount of cheese. Be sure
and seal dough so the cheese can't melt
out.

Use drained
canned tuna or
seasoned tofu as
fillings.

Empanadas

son crocantes bolsitas de harina rellenas de queso. Las hay fritas u horneadas en diferentes tamaños a menudo coronadas con azúcar. Sírvalas calientes o frías en cualquier momento.

8-10 empanadas

2 tazas de harina
1 cucharadita de polvo de hornear
2 pizcas de sal
2-4 Cucharadas de mantequilla
1/2-1 taza de agua fría
1 taza de queso desmenuzado
aceite para freír
1/4 taza de azúcar (opcional pero rico)

Usualmente se mezcla cebolla blanca picada con el queso desmenuzado.

A nosotros también nos gusta mezclar el queso con guineo majado.

Experimente con diferentes rellenos como vegetales, menestra, etc., pero no las llene de más.

CERNIR juntos los tres primeros ingredientes. AÑADIR la mantequilla o margarina en pedazos y mezclar con un tenedor hasta tener grumos pequeños. MEZCLANDO, añadir unas pocas Cucharadas de agua a la vez, hasta tener una masa suave no pegajosa. AMASAR esta masa, sobre una superficie lisa ligeramente enharinada, hasta que esté suave, homogénea, unos 10 minutos. DIVIDIRLA en 8 bolas. PONER las bolas en un recipiente. CUBRIR y dejar reposar mínimo 15 minutos.

EXTENDER cada bola en un círculo bien delgado de unos 15 cm de diámetro. Usar un platito y un cuchillo para COR-TAR un círculo redondo. PONER 1 Cucharada de queso en el centro del círculo.

40

Empanadas

(Emp-ah-naw-dahs) are crispy flour pockets filled with cheese. They are found fried or baked in many different sizes often topped with sugar. Serve them hot or cold for any occasion.

8-10 empanadas

2 cups flour
1 teaspoon baking powder
2 pinches salt
2-4 Tablespoons butter
1/2-1 cup cold water
1 cup crumbled cheese
oil for frying
1/4 cup sugar (optional but good)

Chopped green onion is commonly mixed with the crumbled cheese.

We also like to mix the cheese with mashed banana.

Experiment with fillings like vegetables, menestra, etc., but don't overfill.

SIFT together first three ingredients. CUT in butter or margarine until crumbly. MIX in water a few Tablespoons at a time until you have a soft dough that isn't sticky. KNEAD dough on a lightly floured surface until smooth, about 10 minutes. DIVIDE dough into 8 balls. PLACE the balls in a bowl. COVER and let rest at least 15 minutes.

ROLL each ball into a very thin circle about 6 inches wide. Use a saucer and a knife to CUT out a round circle. PLACE 1 Tablespoon of cheese in the center of the dough circle. RUB water around the

MOJAR con un poco de agua alrededor del filo de la mitad del círculo. DOBLAR por la mitad para formar una media luna. Presionar con un tenedor para SELLAR los bordes. PONER la empanada sobre una superficie ligeramente enharinada mientras prepara el resto. HACER 1 o 2 empanadas más con la masa sobrante.

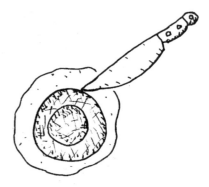

Pruebe horneándo-las en horno Moderado (190C/375F) por 20 minutos, voltéelas después de 10 minutos.

CALENTAR 1 1/2 centímetros de aceite en una sartén. PROBAR con un pedazo chiquito de masa. Debe burbujear al contacto. FREÍR las empanadas unas pocas a la vez, cuchareando el aceite sobre ellas. COCINAR hasta que se doren de cada lado, como 1 minuto por lado. Si se tuestan muy rápido bajar el fuego. Necesitan tiempo para cocinarse por dentro. ESCURRIR las empanadas fritas sobre toallas o fundas de papel. Echarles azúcar encima mientras estén calientes.

edge of half the circle. FOLD the other
half over to make a half moon. Use a
fork to SEAL the edges. PLACE the
empanada on a lightly floured surface while
you make the rest. MAKE 1 or 2 more
empanadas with the scrap dough.

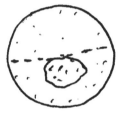 

HEAT a half inch of oil in a skillet. TEST
with a tiny piece of dough. It should bubble on contact. FRY the empanadas a few
at a time, spooning the oil over them.
COOK until brown on each side, about 1
minute per side. If they are browning too
quickly lower heat. They need a chance to
cook through. DRAIN fried empanadas on
paper bags or towels. Sprinkle with sugar
while hot.

Try baking these
at 375 F for 20
minutes, turn after
10 minutes.

Humitas

son adorables delicias de choclo fresco, cocinadas al vapor dentro de las hojas de choclo. Tienen una textura entre la de un pastel y un pudín. Sírvalas envueltas en las hojas, en un platito con un tenedor, Mmmm. No se coma las hojas.

8-12 humitas

Si usa choclo dulce, añada poca leche.

Si las hojas no son muy anchas, ponga dos juntas.

10-30 hojas frescas de choclo
4 tazas de granos de choclo
2 huevos
1 a 2 tazas de leche
1 cucharadita de sal
1/2 cucharadita de azúcar
2 Cucharadas de mantequilla derretida
1/2 libra de queso, bien desmenuzado

Si no tiene buenas hojas de choclo, estas pueden sustituirse con papel aluminio doblado del mismo modo. Para mayor sabor, con sus mejores hojas, haga un forro interior para las "fundas" de aluminio.

CORTAR cada hoja desde la base del choclo. PELARLAS cuidadosamente. CORTAR el borde superior de las hojas. DOBLAR como en la ilustración, metiendo un lado dentro del otro. RASGAR hojas extras en tiras largas, y con estas AMARRAR las 'fundas'. METER el dedo y abrir cada 'funda' para ser llenada. LICUAR bien la mitad del choclo, 1 huevo y 1/2 taza de leche. ECHAR en un cuenco. LICUAR el resto del choclo, hue-

Humitas

(Ew-me-tahs) are a lovable fresh corn treat, steamed inside corn husks. The texture is somewhere between a cake and a pudding. Serve in the husk on a small plate with a fork, Mmmm. Don't eat the leaves.

8-12 humitas

10-30 fresh corn husks
4 cups fresh corn kernels
2 eggs
1 to 2 cups milk
1 teaspoon salt
1/2 teaspoon sugar
2 Tablespoons melted butter
1/2 pound cheese, well crumbled

If using sweet corn, add milk sparingly.

If the husks are not very wide, put two together.

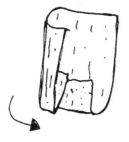

CUT each leaf from base of the corn cob. Carefully PEEL off. TRIM off top edge. FOLD as in illustration, tucking one side into the other. TEAR long pieces of extra husks to tie around "cups". STICK in your finger to open the "cup" for filling. BLEND half the corn, 1 egg, and 1/2 cup milk until very smooth. POUR into a bowl. BLEND remaining corn, egg, and another 1/2 cup milk. MIX with batter in the bowl. STIR in more milk to make a thick batter

If nice corn husks are not available, fresh husks can be substituted for aluminum foil folded in the same way. For extra flavor, line the tinfoil cups with the best husks.

Agregue 1/3 de taza de pasas o cebolla blanca frita a la mezcla.

Agregue al gusto azúcar y/o sal a la mezcla.

vo y otra 1/2 taza de leche. INCORPORAR a la mezcla del cuenco. AÑADIR más leche para que la mezcla, apenas, se pueda verter. Removiendo, INCORPORAR la sal y la azúcar, y luego la mantequilla y el queso. CALENTAR una olla para humitas*.
TRANSFERIR la mezcla a una jarra. VERTER la mezcla en las hojas dobladas. COLOCAR cada humita verticalmente, en un recipiente de fondo plano, ignorando cualquier líquido que pueda escurrirse. COLOCAR las humitas verticalmente en la olla. TAPAR y cocinar al vapor de 30 a 45 minutos. CHEQUEAR periódicamente el nivel del agua para que no se seque. Las humitas estarán listas cuando se solidifiquen. Saben mejor calientes.

* Acueste las tusas del choclo en el fondo de una olla grande para formar un piso. Cubra apenas, con agua, las tusas y haga hervir. Coloque las humitas directamente encima de las tusas. Tape la olla. Esto da buenos resultados y huele estupendo.
* También puede usar una tamalera.

Maduro Frito

es delicioso y sencillo. Sírvalo acompañando cualquier plato principal, o como postre.

2 plátanos Maduros, pelados (p.16)
4 Cucharadas de mantequilla o aceite

CORTAR los Maduros en rodajas diagonales de poco más de 1/2 cm de ancho. FREÍR cada lado en aceite o mantequilla calientes, hasta que estén color café.

that is just barely pourable. STIR in salt
and sugar. MIX in butter and cheese.
HEAT the humita cooker*.

Add 1/3 cup of
raisins or green
onion to the bat-
ter.

Add salt a/o
sugar to your
taste.

TRANSFER batter into a pitcher.
POUR batter into folded husks. PLACE
each humita upright in a flat bottomed
container ignoring any liquid that seeps out.
PLACE humitas upright into cooker.
COVER and steam for 30 to 45 minutes.
Periodically CHECK the water level so
you don't burn the pan. The humitas are
done when they are solidified. These taste
best served hot.

* Lay the corn cobs in the bottom of a large lidded pot to form a shelf.
Just cover the cobs with water and put to boil. Place the filled husks
directly on top of the cobs. This works good, and smells great.
* A vegetable steamer also works well as a humita cooker.

Fried Ripe Plantain
is delicious and simple. Serve with any main dish or as a dessert.

2 ripe plantains, peeled (p.17)
4 Tablespoons butter or oil

SLICE plantains into 1/4 inch thick diagonal
chips (picture). FRY each side in heated oil
or butter until brown and sticky.

Moros de Lenteja.

es un nombre elegante para arroz cocinado con lentejas, un buen plato acompañante hecho en una sola olla. Sírvalo con pescado frito, ensalada, huevo frito, etc.

Use arroz integral cocinándolo, desde el principio, junto con las lentejas y 5 tazas de agua.

Añádale un refrito a las lentejas junto con el arroz y/o sírvalo con queso rallado encima.

1/2 taza de lentejas secas
1 1/2 tazas de arroz
1 Cucharada de achote (p.22)
1 cucharadita de sal

ESCOGER y limpiar las lentejas si es necesario. REMOJAR por media hora. ESCURRIR y enjuagar. HERVIR con 1 1/2 tazas de agua por 20 minutos. AÑADIR el resto de los ingredientes más 2 1/2 tazas de agua. HERVIR de nuevo. TAPAR y bajar el fuego a muy bajo. Cocinar a fuego lento hasta que el agua sea absorbida, unos 20 minutos.

Patacones

son rebanadas gruesas fritas de plátano Verde. Sírvalos como bocadillos o acompañando cualquier comida.

2 plátanos Verdes, pelados (p.16)
aceite para freír
1 cucharadita de sal

CORTAR el Verde en rodajas de 1 1/2 cm. CALENTAR una sartén con 1 cm de aceite. PROBAR el aceite con un pedazo diminuto de plátano, el que debe burbujear al contacto, pero no quemarse. FREÍRLOS hasta que la parte inferior cambie a un color amarillo brillante, como 1 minuto. VIRARLOS y freír el otro lado. SACAR los Verdes fritos con un cucha-

El truco es no cocinar el Verde ni de más ni de menos, en la primera freída.
Debe cambiar de color, pero no ponerse muy café.

48

Moros de Lenteja

(More-ohs day Len-tay-ha) is a fancy name for rice cooked with lentils, a great one pot sidedish. Serve with fried fish, fried egg, salad, etc.

1/2 cup dry lentils
1 1/2 cups rice
1 Tablespoon achote (p.23)
1 teaspoon salt

CLEAN and wash the lentils if necessary. SOAK for half an hour. DRAIN and rinse. BOIL with 1 1/2 cups of water for 20 minutes. STIR in remaining ingredients plus 2 1/2 cups of water. BOIL again. COVER and reduce heat to very low. Steam until water is absorbed, about 20 minutes.

Use brown rice by cooking together with the lentils from the beginning with 5 cups water.

Add a refrito to the lentils with the rice, a/o serve topped with grated cheese.

Patacones

(Pat-ah-cone-ehs) are thick plantain chips. Serve as an appetizer or side dish with any meal.

2 green plantains, peeled (p.17)
oil for frying
1 teaspoon salt

CUT peeled and dried plantains into 1/2 inch rounds. HEAT a skillet with 1/4 inch of oil. TEST oil with a tiny piece of plantain, it should bubble on contact, but not burn. FRY until bottoms have changed color to bright yellow, about 1 minute. TURN and fry other side. REMOVE fried plantains with slotted spoon. DRAIN while frying all the pieces. REDUCE heat.

The trick is to not overcook or undercook the plantains in the first frying. They should change color, but not be too brown.

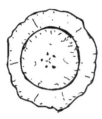

rón de rejilla de metal o una espátula y escurrirlos mientras se terminan de cocinar todas las rodajas. REDUCIR el fuego.

ESPARCIR la sal en una tabla de cortar seca. PRESIONAR sobre la tabla los pedazos de plátano con una piedra (p.16), formando discos finos. La parte de arriba y de abajo permanecen redondas, mientras que la del medio se apachurra a los lados.

PROBAR el aceite como anteriormente. REFREÍR los Verdes machacados, unos pocos a la vez, hasta que estén cocinados. El aceite debe burbujear encima de los pedazos. Los lados se doran y la parte de arriba se pone ligeramente café, alrededor de 1 minuto. Sacar del aceite y escurrir.

Si el aceite no cubre completamente al Verde en la segunda freída, échele el aceite encima con un cucharón, o cuidadosamente vire la sartén hacia un lado.

Patacones con Ajo

son preparados como anteriormente, pero poniéndole unas cucharadas de aliño o ajo molido a la tabla, antes de machacar el Verde frito. Esto causa que chisporroteen en la segunda freída.

Torrejas de Choclo

son panqueques de choclo, fáciles de hacer. Gustan a todos, incluyendo a los niños. Sirva de 3 a 4 torrejas por persona.

Use sal y/o azúcar al gusto

aproximadamente 15 torrejas
3 tazas de granos de choclo
1/4 taza o menos, de leche o agua
2 huevos (opcional)
1 taza de queso desmenuzado
Aceite o mantequilla para freír

SPRINKLE salt on a dry cutting board.
PRESS plantain pieces into thin disks with
a mashing stone (p.15). The top and bottom stay round while the middle squeezes
out to the sides.

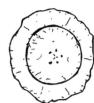

TEST oil temperature as above. RE-FRY
mashed plantains a few at a time until
cooked. The oil should bubble over the
patacones. The sides will get golden and
the top slightly browned, about 1 minute.
Remove from oil and drain.

If oil doesn't com-
pletely cover plan-
tains during second
frying, spoon it
over or carefully
tip the skillet to
one side.

Garlic Patacones

are prepared as above by mashing the
fried plantain on a cutting board with a
few Tablespoons of aliño or minced garlic.
This will cause them to spatter during the
second frying.

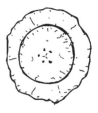

Torrejas de Choclo

(Tour-aye-haws day Choh-cloh) are fresh corn pancakes, easier to
make than to spell. Everybody loves these, even kids.

about 15 torrejas

3 cups corn kernels
1/4 cup or less, milk or water
2 eggs (optional)
1 cup crumbled cheese
oil or butter for frying

Use salt a/o sugar
to your taste.

Si usa choclo dulce, aunque no es tradicional, añádale una o dos Cucharadas de harina a la mezcla.

Los trucos para freír las Torrejas son, hacerlas pequeñas, asegurarse que la sartén esté caliente y cocinarlas bien antes de intentar voltearlas.

LICUAR el choclo con suficiente leche o agua hasta que esté apenas líquido. AGREGAR los huevos y licuar hasta que esté espumoso. AÑADIR el queso. La mezcla debe parecerse a la de panqueques grumosos. CALENTAR una sartén engrasada. VERTER a la sartén caliente 2 Cucharadas de la mezcla por cada torreja. FREÍR hasta que se doren y solidifiquen, unos 2 minutos. VOLTEAR y freír por 2 minutos más. ENGRASAR y ajustar la temperatura de la sartén según sea necesario. Servir caliente o mantener caliente en el horno.

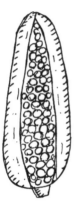

Torrejas con Hierbitas
se preparan como anteriormente, añadiendo 2 Cucharadas de culantro y/o perejil junto con los huevos. Pruebe con sus hierbas favoritas.

Torrejas con Vegetales
se preparan como anteriormente, añadiendo 1/2 taza de cebolla, tomate y/o pimiento finamente picados, junto con el queso.

Verde o Maduro Asado
puede tomar el lugar del pan en cualquier comida. Tuvimos que incluir esta receta sencilla porque es muy común en la costa.

Simplemente HORNEAR el plátano como en la receta del Bolón (p.32). CORTARLO como una papa al horno y rellenarlo con queso o mantequilla.

BLEND corn with just enough milk or
water until just barely liquid. BLEND in
eggs until frothy. STIR in cheese.
The batter should resemble lumpy pancakes.
HEAT a greased skillet. SPOON 2
Tablespoons of batter into hot skillet for
each torreja. FRY until browned and solidified, about 2 minutes. FLIP and fry another 2 minutes. GREASE and adjust temperature of skillet as necessary. Serve hot
or keep warm in an oven.

If using sweet
corn, although not
traditionally done,
add a Tablespoon
or two of flour
to the batter.

The tricks to fry-
ing Torrejas are
to make them
small, and cook
well before
attempting to flip.
Be sure the skillet
is hot.

Torrejas with Herbs
are prepared as above by adding 2
Tablespoons fresh cilantro a/o parsley with
the eggs. Try adding any of your favorite
herbs.

Torrejas with Vegetables
are prepared as above by adding 1/2 cup
finely chopped onion, tomato, a/o green
pepper with the cheese.

Baked Green or Ripe Plantain
can take the place of bread in any meal. We had to include this
easy recipe because it is so commonly served on the coast.

Just BAKE the peeled plantain as in
Bolón recipe (p.33). SLICE the plantain
open like a baked potato and stuff with
cheese or butter.

s o p a s

El caldo bien condimentado y los vegetales tiernos alimentan el alma así como también el estómago. Estas recetas vienen de regiones distintas, pero saben deliciosas dondequiera. Sirva un tazón de bondad casera como entrada o plato principal. Como las galletas, los chifles y/o el canguil acompañan a las sopas.

Chupe

es una sopa costeña caracterizada por pescado frito en un caldo liviano. Este plato gratificante es una comida en si.

1 cebolla perla
1 pimiento
1 taza de agua
1 Cucharada de aliño (p.16)
1 Cucharada de achote (p.22)
1 libra de papas, peladas
5 tazas de agua
1 choclo, en rodajas (p.14)
1 zanahoria, rebanada finamente
1 taza de col verde picada
1 cucharadita de sal, pimienta al gusto
2 tazas de leche
1 Cucharada de perejil, picado
1 libra de pescado en filetes (opcional)

El pescado frito, aunque tradicionalmente incluido, es opcional porque no le da sabor al caldo.

PREPARAR un refrito (p.26) con los primeros cinco ingredientes. HERVIR hasta tener una salsa espesa, unos 15 minutos. CORTAR las papas en cubos de 1 1/2 cm. AÑADIR el agua y las papas al refrito. CUBRIR y hacer hervir. AÑADIR las rodajas de choclo. En 10 minutos, AÑADIR zanahoria, col, sal y pimienta. COCINAR a fuego lento, sin tapa, hasta

Well seasoned broth and soft vegetables feed the soul as well as the stomach. These recipes come from distinct regions but taste delicious anywhere. Serve a bowl of homemade goodness as an appetizer or main course. Similar to crackers, popcorn a/o plantain chips accompany soups.

Chupe
(Chew-pay) is a coastal chowder characterized by fried fish swimming in a light broth. This satisfying soup makes a meal.

1 white onion
1 green pepper
1 cup water
1 Tablespoon aliño (p.27)
1 Tablespoon achote (p.23)
1 pound potatoes, peeled
5 cups water
1 ear corn, cut in rounds (p.13)
1 carrot, sliced thin
1 cup chopped green cabbage
1 teaspoon salt, pepper to taste
2 cups milk
1 Tablespoon chopped parsley
1 pound fish fillet (optional)

PREPARE a refrito (p.27) with first five ingredients. BOIL until a thick sauce forms, about 15 minutes. CUT potatoes into 1/2 inch chunks. ADD water and potatoes to refrito. COVER and bring to boil. ADD corn rounds. In 10 minutes, ADD carrot, cabbage, salt, and pepper. SIMMER uncovered until vegetables are soft, about 30 minutes. REMOVE from heat and cool

The traditionally included fried fish is optional because it does not flavor the broth.

que se cocinen todos los vegetales, unos 30 minutos. QUITAR del calor y.dejar enfriar ligeramente. AÑADIR la leche, el perejil, y remover. RECALENTAR la sopa, pero no dejarla hervir.
FREIR el pescado como en la página 98. DIVIDIR el pescado en platos soperos hondos y verter la sopa encima.

Locro de Papa

es una sopa espesa de las montañas, que se distingue por un adorno de lechuga y aguacate. Esta es una deliciosa complace-multitudes.

1 libra de papas peladas, picadas en cubitos
2 Cucharadas de aceite
1/4 taza cebolla blanca picada
1 papa pelada, cortada en cubos
3/4 taza de leche
1 cucharadita de sal
4-8 hojas de lechuga, lavadas
1/3 libra de queso
1 aguacate maduro

El queso, también puede ser desmenuzado.

FREIR las papas en cubitos, con el aceite y la cebolla. Cuando la cebolla se dore, AÑADIR agua hasta apenas cubrir las papas. AGREGAR 1 taza más de agua y hervir. AÑADIR la papa cortada en cubos. REDUCIR el fuego. COCINAR a fuego lento y remover, hasta que la papa en cubos esté suave, y la papa picada se disuelva, unos 20 minutos.
Mientras tanto, PONER la lechuga en el fondo de los platos. CORTAR el queso en cuatro pedazos gruesos. PONER un pedazo en cada plato. CORTAR el aguacate

slightly. STIR in milk and parsley. REHEAT
soup but do not boil.
FRY fish as on page 99. DIVIDE fish into
deep bowls and ladle soup on top.

Locro de Papa

(Low-crow day Paw-paws) is a hearty mountain chowder distin-
guished by a lettuce and avocado garnish. This is a satisfying
crowd pleaser.

1 pound potatoes, peeled and diced
2 Tablespoons oil
1/4 cup chopped green onion
1 potato, peeled and cubed
3/4 cup milk
1 teaspoon salt
4-8 iceberg lettuce leaves, washed
1/3 pound cheese
1 ripe avocado

SAUTÉ diced potatoes with oil and onion.
When onion is browned, ADD water until
potatoes are just covered. ADD one more
cup of water and bring to boil. STIR in
cubed potato. REDUCE heat. SIMMER
and stir until cubed potato is tender and
diced potatoes are dissolved, about 20
minutes.
Meanwhile, LINE deep soup bowls with
lettuce leaves. SLICE cheese into four
thick pieces. PLACE a piece of cheese
into each lined soup bowl. QUARTER and
peel avocado.

Cheese can also
be added crum-
bled.

en cuatro y pelarlo.
AÑADIR la leche y la sal a la olla una
vez que las papas estén listas. REMOVER
en una sola dirección hasta que la sopa
esté a punto de hervir. QUITAR del calor
y servir inmediatamente en los platos para
que el queso se derrita. Coronar cada sopa con una tajada de aguacate.

Repe

es una sopa de guineo verde (banana verde), fácil de hacer. Aunque la receta pide guineos bien verdes, nosotros también disfru-
tamos del sabor poco común de una sopa de guineo maduro. Mientras más maduro esté el guineo, mas dulce será la sopa.

Sobre como evi-
tar que las bana-
nas se oscurez-
can, ver plátano
(p.16)

Pruebe usando
queso cottage.

6 guineos bien verdes, pelados
2 Cucharadas de mantequilla
3 Cucharadas de cebolla perla picada
2 tazas de leche
1/2 taza de queso desmenuzado
1 Cucharada de culantro picado
1 cucharadita de sal, pimienta al gusto

CORTAR los guineos por la mitad. HER-
VIRLOS con bastante agua hasta que estén muy blandos, unos 25 minutos. GUAR-
DAR 2 tazas del agua que hirvió y MA-
JAR los guineos, con esta agua, en la
misma olla. AÑADIR la mantequilla y la cebolla. CALENTAR a fuego medio. REMO-
VIENDO verter la leche poco a poco, pero sin que hierva. AÑADIR el resto de los
ingredientes, removiendo constantemente en
una sola dirección. Servir tan pronto el
caldo esté caliente y el queso se haya derretido, unos 10 minutos.

ADD milk and salt to pot once potatoes are done. STIR in one direction until the Locro almost boils. REMOVE from heat and spoon immediately into bowls so the cheese melts. Crown each soup with a slice of avocado.

Repe

(Ray-pay) is an easy to make green banana soup. Although the recipe calls for very green bananas, we also enjoy the unlikely flavor of a ripe banana soup. The riper the banana you use, the sweeter the soup.

6 very green bananas, peeled
2 Tablespoons butter
3 Tablespoons minced white onion
2 cups milk
1/2 cup crumbled cheese
1 Tablespoon minced cilantro
1 teaspoon salt, pepper to taste

CUT bananas in half. BOIL with plenty of water until very soft, about 25 minutes. DRAIN off all the cooking water except for 2 cups. MASH boiled bananas and reserved water in the same pot. ADD butter and onion. REHEAT bananas on medium. STIR in milk a little at a time but do not boil. ADD remaining ingredients, stirring constantly in one direction. Serve as soon as broth is hot and the cheese has melted, about 10 minutes.

See plantain on page 17 on how to keep bananas from turning dark.

Try using cottage cheese.

Sopa de Quinua

viene de Los Andes, donde crece la Quinua. Este grano sabor a nuez es fácil de cocinar y alto en proteínas. La Quinua debe ser lavada muy bien para quitarle el sabor amargo.

Una variación tradicional, es añadir 1 o 2 Cucharadas de mantequilla de maní diluida junto con las papas.

A veces la Quinua, como el arroz, debe ser limpiada de piedritas y tierra antes de ser lavada.

1 cebolla blanca
1 pimiento
1 taza de agua
1 cucharadita de aliño (p.26)
1 Cucharada de achote (p.22)
1/2 taza de Quinua, bien lavada
4 tazas de agua
1/2 libra de papas peladas
1 taza de col verde picada
1 cucharadita de sal
1 taza de queso desmenuzado
1 Cucharada de culantro picado

PREPARAR un refrito (p.26) con los primeros cinco ingredientes. HERVIR 5 minutos. AÑADIR agua y Quinua. TAPAR y hervir por 15 minutos. CORTAR las papas peladas en cubos de 1 1/2 centímetros. AÑADIR papas, col, sal y otra taza de agua. COCINAR a fuego lento sin tapa hasta que las papas estén suaves, unos 20 minutos. AÑADIR el queso y el culantro.

Quinoa Soup

comes from the Andes, where Quinoa is grown. This nutty flavored grain is easy to cook and high in protein. Most Quinoa must
be rinsed several times to remove the bitter flavor.

1 green onion
1 green pepper
1 cup water
1 teaspoon aliño (p.27)
1 Tablespoon achote (p.23)
1/2 cup Quinoa, rinsed well
4 cups water
1/2 pound potatoes, peeled
1 cup chopped green cabbage
1 teaspoon salt
1 cup crumbled cheese
1 Tablespoon chopped cilantro

A traditional vari-
ation is to add 1
or 2 Tablespoons
diluted peanut
butter with pota-
toes.

PREPARE a refrito (p.27) with first five
ingredients. BOIL 5 minutes. ADD Quinoa
and water. COVER and boil for 15 minutes. CUT peeled potatoes into 1/2 inch
chunks. ADD potatoes, cabbage, salt and
an extra cup of water. SIMMER uncovered until the potatoes are soft, about
20 minutes. STIR in cheese and cilantro.

Sometimes Quinoa,
like rice, must be
cleaned of stones
and dirt before
washing.

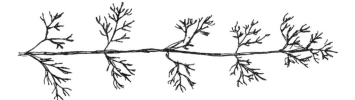

Sopa de la Tarde

es una combinación sabrosa de ingredientes comunes de cocina. Esta sopa se sirve frecuentemente en la cena.

Tambien se usan otros tipos de fideos, como fideo de laso. Ajuste el tiempo de cocción.

1/2 taza de cebolla blanca picada
1/2 taza de agua
2 Cucharadas de aliño (p.26)
1 cucharadita de achote (p.22)
1/2 libra de papas peladas
4 onzas de fideo cabello de ángel, partidos por la mitad
1 cucharadita de sal
1 taza de queso desmenuzado
1 cucharadita de orégano seco

PREPARAR un refrito (p.26) con los primeros cuatro ingredientes. FREÍR hasta que estén suaves, unos 5 minutos. CORTAR las papas en pedazos de 3 centímetros. AÑADIR al refrito junto con 2 tazas de agua. HERVIR hasta que la papa se ablande, unos 15 minutos. AÑADIR el fideo. Luego de 5 minutos, AÑADIR 2 tazas más de agua y sal. Hacer HERVIR. AÑADIR el queso. COCINAR a fuego lento 5 minutos más. ESPOLVOREAR el orégano y remover. Tapar y dejar enfriar unos minutos antes de servir.

Afternoon Soup

is a savory combination of ordinary kitchen ingredients. This soup is often served with the evening meal.

1/2 cup chopped green onions
1/2 cup water
2 Tablespoons aliño (p.27)
1 teaspoon achote (p.23)
1/2 pound potatoes, peeled
4 ounces angel hair pasta,
   broken in half
1 teaspoon salt
1 cup crumbled cheese
1 teaspoon dried oregano

Other types of noodles, like bow ties, are also used. Adjust cooking times.

PREPARE a refrito (p.27) with first four ingredients. FRY until soft, about 5 minutes. CUT potatoes into 1 inch pieces. ADD to refrito with 2 cups water. BOIL until soft, about 15 minutes. ADD pasta. In 5 minutes, ADD 2 more cups of water and salt. Bring to BOIL. ADD cheese. SIMMER 5 more minutes. STIR in oregano. Cover and let cool a few minutes before serving.

Viche

tiene un caldo inolvidable con sabor a maní, lleno de vegetales y con bolas de plátano verde. Sirva este festejo costeño con un plato de arroz y muchas rodajas de limón.

De ser posible incluya 1 achogcha, un vegetal verde pálido parecido a un pimiento. Sáquele las semillas. Córtela en tiras de 1 centímetro de ancho y añádalas junto con el pepino.

Tradicionalmente, camote, yuca y habas tiernas pueden usarse en cualquier combinación con zanahoria, choclo, y/o maduro. Use algunos, pero no todos los vegetales. Si usa demasiados no habrá mucho caldo, que es lo mas rico.

1 cebolla blanca
1 cebolla colorada
1 pimiento
1 taza de agua,
1 Cucharada de aliño (p.26)
1 Cucharada de achote (p.22)
1 zanahoria rebanada finamente
1 choclo, cortado en rodajas (p.14)
1/2 taza de mantequilla de maní
1 pepino, pelado y sin semillas
1 plátano Maduro, pelado (p.16)
1 cucharadita de sal, pimienta al gusto
1/2 libra de pescado, cortado en cubos
    de unos 3 centímetros
1 Cucharada de culantro picado

PREPARAR un refrito (p.26), con los primeros seis ingredientes. HERVIR hasta que el agua se haya evaporado. Guardar 1 Cucharada de refrito para las bolas de verde (receta sigue). HERVIR 7 tazas de agua con la zanahoria rebanada. Mientras tanto, PREPARAR las bolas de verde. LICUAR la mantequilla de maní con 1 taza de agua tibia. AÑADIR las rodajas de choclo cuando hierva el agua.

En 20 minutos, AÑADIR las bolas de verde. AGREGAR la mantequilla de maní y el refrito. REDUCIR el fuego. COCINAR a fuego lento por 10 minutos, removiendo regularmente. CORTAR cada pepino en 4 lanzas y cada una en pedazos de 3 cm.

Fish Viche

(Vee-chay) has an unforgettable peanut flavored broth loaded with vegetables. Green plantains are used to make dumplings. Serve this coastal feast with a plate of rice and lots of cut lime.

1 green onion
1 red onion
1 green pepper
1 cup water
1 Tablespoon aliño (p.27)
1 Tablespoon achote (p.23)
1 carrot, sliced thin
1 ear corn, cut in rounds (p.13)
1/2 cup peanut butter
1 cucumber, peeled, seeds removed
1 ripe plantain, peeled (p.17)
1 teaspoon salt, pepper to taste
1/2 pound fish fillet, cut into 1 inch pieces
1 Tablespoon chopped cilantro

If available, add 1 achogcha, a green vegetable similar to a watery green pepper. Remove seeds, cut into 1/2 inch strips and add with cucumber.

PREPARE a refrito (p.27) with first six ingredients. BOIL until water has evaporated. Set aside 1 Tablespoon refrito for plantain dumplings (recipe follows). Bring 7 cups of water to BOIL with sliced carrots. Meanwhile, PREPARE plantain dumplings. BLEND peanut butter with 1 cup warm water. ADD corn rounds to boiling water.

In 20 minutes, ADD plantain dumplings. STIR in peanut butter and refrito. REDUCE heat. SIMMER 10 minutes, stirring regularly. CUT cucumber into 4 spears and each spear into 1 inch chunks. SLICE ripe plantain into half inch thick diagonal

Traditionally, sweet potato, yucca or fresh fava beans are used in any combination for the carrot, corn a/o ripe plantain. Use some but not all of the vegetables. If you add too many, there won't be much broth, which is the best part.

Si no va a servir el Viche en seguida, quítele el pescado cocinado para que no se disuelva. Póngalo en los cuencos justo antes de servir.

CORTAR el plátano Maduro diagonalmente en rodajas de 2 cm (p.47). AÑADIR pepino, Maduro, sal, y pimienta. COCINAR a fuego lento por 20 minutos removiendo frecuentemente, evitando que se pegue. AÑADIR el pescado. COCINAR hasta que este esté opaco, removiendo suavemente, unos 12 minutos. AÑADIR el culantro. Servir a cada persona una bolita de Verde y una rodaja de choclo en el Viche.

Bolitas de Verde

1 plátano Verde, pelado (p.16)
1/2 cucharadita de sal
1 Cucharada de refrito
1 yema de huevo (opcional)
1 Cucharada de mantequilla de maní

RALLAR el plátano tan fino como le sea posible. ECHARLE sal a la tabla de cortar. AMASAR en la sal hasta que no esté pegajoso. MEZCLAR el resto de los ingredientes. AÑADIRLOS a la masa y mezclar bien. DIVIDIR la masa en 4 a 6 pedazos. MOJARSE las manos y formar una bola con cada pedazo. Echar las bolas directamente al caldo hirviendo

Viche de Camarón

se prepara como anteriormente pero, reemplazando el pescado con 1/2 libra de camarón, pelado y limpio. Reducir el tiempo de cocción para el camarón a unos 8 minutos. El Viche también se hace mixto, con pescado y camarón.

66

slices (p.47). ADD cucumber, plantain, salt, and pepper. SIMMER 20 minutes, stirring frequently to keep from sticking. ADD fish. COOK until the fish is opaque, stirring gently, about 12 minutes. ADD cilantro. Serve each person a plantain dumpling and corn round in the bowl with the Viche.

If you are not serving the Viche right away, remove cooked fish. Add to bowls before serving.

Plantain Dumplings
1 green plantain, peeled (p.17)
1/2 teaspoon salt
1 Tablespoon refrito
1 egg yolk (optional)
1 Tablespoon peanut butter

GRATE the plantain as fine as possible. SPRINKLE salt on a board. KNEAD plantain into salt until no longer sticky. MIX remaining ingredients together then KNEAD into the dough until well blended. DIVIDE dough into 4 to 6 pieces. WET your hands to form each piece into a ball. Drop the balls directly into boiling broth.

Shrimp Viche
is prepared as above by replacing the fish with 1/2 pound peeled and cleaned shrimp. Reduce cooking time for shrimp, about 8 minutes. Viche is also made with both fish and shrimp.

e n s a l a d a s

as ensaladas se disfrutan frescas, con vegetales cocinados
o crudos y jugo de limón. Ponga unas cucharadas junto a la
comida principal. Prepare estas ensaladas atractivas con anterio-
ridad y refrigérelas o sírvalas al ambiente.

Cebolla y Tomate
es servida típicamente con pescado frito, papas, arroz...

> 1 cebolla colorada
> 1/2 Cucharada de jugo fresco de limón
> 1 tomate, rebanado (p.72)
>
> ENCURTIR la cebolla con el jugo de limón
> (p.28). Mezclar todo.

Ensalada de Col
tiene muchas vitaminas y fibra.

> 1 cebolla colorada
> 1/2 Cucharada de jugo fresco de limón
> 1/2 libra de col verde o morada
> 1 Cucharada de jugo fresco de limón
> 1 zanahoria pequeña, rallada
> 1 cucharadita de culantro o perejil picado
> 1/2 cucharadita de sal
>
> ENCURTIR la cebolla con 1/2 C. de jugo
> de limón (p.28). CORTAR la col en tiras
> finas, de 3 a 5 centímetros de largo.
> Mezclar todo.

Fresh salads are enjoyed with raw or cooked vegetables and fresh lime juice. Serve a few heaping tablespoons on the same plate as the main dish. Prepare these attractive salads ahead of time and chill, or serve at room temperature.

Onion and Tomato Salad
is typically served with fried fish, potatoes, rice...

1 red onion
1/2 Tablespoon fresh lime juice
1 tomato, wedged (p.73)

CURE onion with lime (p.29). Mix everything.

Cabbage Salad
has lots of vitamins and fiber.

1 red onion
1/2 Tablespoon fresh lime juice
1/2 pound purple or green cabbage
1 Tablespoon fresh lime juice
1 small carrot, grated
1 teaspoon minced cilantro or parsley
1/2 teaspoon salt

CURE onion with 1/2 T lime juice (p.29). CUT cabbage in thin strips, 1 or 2 inches long. Mix everything.

Ensalada Mixta
es una combinación saludable de vegetales. Deliciosa también.

1 cebolla colorada
1/2 Cucharada de jugo fresco de limón
1/4 libra de lechuga, cortada en tiritas
1 aguacate, pelado, cortado en cubos
1 tomate, rebanado (p.72)
1 Cucharada de aceite de oliva
1 Cucharada de jugo fresco de limón
1/2 Cucharada de culantro o perejil picado
1/2 cucharadita de sal, pimienta al gusto

ENCURTIR la cebolla con 1/2 C. de jugo
de limón (p.28). Mezclar todo.

Ensalada de Pepino y Tomate
es la mezcla clásica, con un toque tropical de limón.

1 cebolla colorada
1/2 Cucharada de jugo fresco de limón
1 pepino, pelado
1 tomate, rebanado (p.72)
1/2 cucharadita de sal
1 cucharadita de culantro picado
1 Cucharada de jugo fresco de limón

ENCURTIR la cebolla con 1/2 C. de jugo
de limón (p.28). CORTAR el pepino por la
mitad longitudinalmente, y sacarle las semillas con una cuchara (opcional). REBANAR
el pepino en medias lunas. Mezclar todo.

Mixed Salad
is a healthy variety of vegetables. Delicious too.

1 red onion
1/2 Tablespoon fresh lime juice
1/4 pound lettuce, cut in strips
1 avocado, peeled and cubed
1 tomato, wedged (p.73)
1 Tablespoon olive oil
1 Tablespoon fresh lime juice
1/2 Tablespoon minced cilantro or parsley
1/2 teaspoon salt, pepper to taste

CURE onion with 1/2 T lime juice (p.29).
Mix everything.

Cucumber and Tomato Salad
is the classic mix with a tropical twist of lime.

1 red onion
1/2 Tablespoon fresh lime juice
1 cucumber, peeled
1 tomato, wedged (p.73)
1/2 teaspoon salt
1 teaspoon minced cilantro
1 Tablespoon fresh lime juice

CURE onion with 1/2 T lime juice (p.29).
CUT cucumber in half the long way.
SCOOP out seeds (optional). SLICE into
thin half moons. Mix everything.

Rebanadas de Tomate

parecerían obvias, pero son propias de ensaladas. SACAR la parte café de arriba. CORTAR el tomate por la mitad, de arriba hacia abajo. CORTAR cada mitad en 6-10 rebanadas.

Ensalada de Rábano

es deliciosa y colorida, con una insinuación de ajo. Corte el rábano tan fino como pueda.

2 tazas de rábano sin hojas
3 Cucharadas de jugo fresco de limón
1 cucharadita de sal
1 cucharadita de culantro picado
1 Cucharada de aliño (p.26)

AGARRAR la raíz delgada del rábano para que no se mueva. REBANAR bien fino, comenzando por el lado verde. Terminar rebanando y desechando la raíz delgada. MEZCLAR todo en un platón. Dejar encurtir mínimo por 15 minutos.

Tomato Wedges

may seem obvious, but these are characteristic in salads. CUT out brown part on the top. CUT tomato in half from top to bottom. SLICE each half into 6-10 wedges.

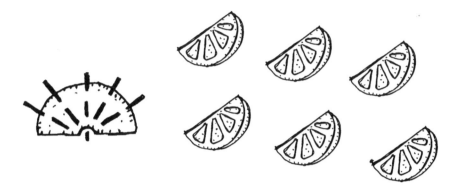

Radish Salad

is tasty and colorful with a hint of garlic. Cut the radishes as thin as possible.

2 cups radish, leaves removed
3 Tablespoons fresh lime juice
1 teaspoon salt
1 teaspoon minced cilantro
1 Tablespoon aliño (p.27)

HOLD onto thin root of radish to keep from moving. SLICE very thin starting from green end. Finish by slicing off and discarding thin root. MIX everything in a shallow dish. Marinate for at least 15 minutes.

73

Ensalada de Remolacha o Veteraba

presenta un surtido de vegetales cocinados. Asegúrese de cocinar completamente las remolachas.

1/2 libra de remolachas, peladas
1/2 libra de zanahorias
1/2 libra de papas, peladas
1 o 2 huevos duros (opcional)
1/2 cucharadita de sal
1 cebolla colorada
1/2 Cucharada de jugo fresco de limón
2 Cucharadas de aceite

Para endurecer los huevos, añádalos cuidadosamente junto con las papas.

A veces el aceite es remplazado con mayonesa.

CORTAR en cuatro la remolacha, la zanahoria y la papa. HERVIR la remolacha y la zanahoria por 30 minutos. AÑADIR la papa y la sal. COCINAR a fuego lento 15 minutos más. ENCURTIR la cebolla con el limón (p.28). ESCURRIR, dejar enfriar, y picar los vegetales cocinados y los huevos pelados, en cubos de alrededor de 1 cm. MEZCLAR todo. Dejar enfriar antes de servir.

Beet Salad

features an assortment of cooked vegetables. Be sure and thoroughly cook the beets.

1/2 pound beets, peeled
1/2 pound carrots
1/2 pound potatoes, peeled
1 or 2 eggs, hard-boiled (optional)
1/2 teaspoon salt
1 red onion
1/2 Tablespoon fresh lime juice
2 Tablespoons oil

QUARTER beets, carrots, and potatoes. BOIL beets and carrots for 30 minutes. ADD potatoes and salt. SIMMER 15 more minutes. CURE onion with lime juice (p.29). DRAIN, cool, and dice cooked vegetables and peeled eggs into 1/2 to 1/4 inch cubes. MIX everything. Chill before serving.

To hardboil eggs, carefully add with potatoes.

Sometimes the oil is replaced by mayonnaise.

platos principales

Un plato principal puede ser servido para el almuerzo, la cena o incluso el desayuno. El almuerzo, sin embargo, es típicamente la comida mas sustancial, consistiendo de al menos dos platos. De ser posible, la familia regresa al hogar para disfrutar un banquete al mediodía.

Cazuela de Verde

es un estofado espeso de Verde con maní, horneado y servido en cuencos individuales de cerámica. Normalmente se rellena con pescado o camarón, pero también la hemos comido con vainitas. Sírvala caliente, saliendo del horno, con un plato de arroz y rodajas de limón.

También se usan bandejas de hornear grandes de cerámica o Pyrex, pero no las llene demasiado. Aumente el tiempo de hornear a 50 o 60 minutos.

1 tomate grande
1 cebolla colorada
1/2 cebolla blanca
1 pimiento
2 tazas de agua
2 Cucharadas de achote (p.22)
2 cucharaditas de aliño (p.26)
1 libra de filete de pescado
sal, pimienta, comino
3 plátanos Verdes, pelados (p.16)
1/4 taza de mantequilla de maní

A main dish is likely to be served for lunch or dinner, as well as breakfast. Lunch, however, is typically the most substantial meal consisting of at least two courses. If possible, the family will return home to enjoy a midday feast.

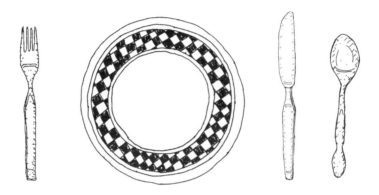

Plantain Cazuela

(Ka-swell-ah) is a plantain and peanut stew baked and served in individual ceramic bowls. Normally it is stuffed with fish or shrimp, but we've also had it with green beans. Serve it hot out of the oven with a plate of rice and cut lime.

1 big tomato
1 red onion
1/2 white onion
1 green pepper
2 cups water
2 Tablespoons achote (p.23)
2 teaspoons aliño (p.27)
1 pound fish fillet
salt, pepper, cumin
3 green plantains, peeled (p.17)
1/4 cup peanut butter

Large ceramic or Pyrex baking dishes are also used, but do not overfill. Increase baking time to 50 or 60 minutes.

Intente poner este refrito sobre y/o en la cazuela antes de hornearla: pique, 1 tomate pequeño, 1 cebolla y 1 pimiento, en tiras bien finas, y fríalos con 1 cucharadita de achote y una pizca de sal. Entonces agréguele una cucharadita de mantequilla de maní diluida.

Sustituya el pescado por camarón pelado y limpio o por vainitas cortadas en pedazos de unos 3 cm.

PRECALENTAR el horno a Muy Caliente (230C/450F). PREPARAR un refrito (p.26) con los primeros seis ingredientes y 1 cucharadita de aliño. COCINAR a fuego lento hasta formar una salsa espesa y seca, unos 25 minutos. LAVAR el pescado y cortarlo en cubos de unos 3 centímetros. SAZONARLO con el aliño restante y las especies secas.

CORTAR el Verde en rodajas de 1 centímetro, y LICUARLO muy bien, con agua para apenas cubrir el Verde, (unas 2 tazas). LICUAR la mantequilla de maní con 1 taza de agua. Cuando el refrito esté listo, AÑADIR el Verde licuado, la mantequilla de maní y 1 cucharadita de sal. REMOVER continuamente hasta que la mezcla haya espesado y cambiado de color, unos 20 minutos.

LLENAR de 4 a 6 pocillos resistentes al horno con la mitad de la mezcla. DIVIDIR el pescado entre los pocillos. TAPAR con el resto de la mezcla. Los pocillos, en el centro, deben de tener unos 5 cm de alto de masa. HORNEAR 30 minutos. La Cazuela está lista cuando un anillo tostado se forma alrededor del interior del pocillo.

Cazuela de Choclo
se prepara como arriba, pero licuando 3 tazas de granos de choclo en vez de los plátanos Verdes.

PREHEAT oven to 450 F. PREPARE a refrito (p.27) with first six ingredients and 1 teaspoon aliño. SIMMER to form a thick, dry sauce, about 25 minutes. WASH fish and cut into 1 inch pieces. RUB with remaining aliño and dry spices.

CUT plantains into 1/2 inch rounds. BLEND until liquid with just enough water to cover plantains, about 2 cups. BLEND peanut butter with 1 cup of water. When refrito is ready, ADD liquefied plantain, peanut butter, and 1 teaspoon salt. STIR continually until mixture has thickened and changed color, about 20 minutes.

FILL 4 to 6 ovensafe bowls with half the mixture. DIVIDE fish among bowls. COVER with remaining mixture. The bowls should be around 2 inches full in the center. BAKE 30 minutes. The Cazuela is done when a crispy ring forms around the inside of the bowl.

Try this on top a/o inside your cazuela before baking: slice 1 small tomato, onion, and green pepper into very thin strips and saute with 1 teaspoon achote and a pinch of salt. Stir in 1 teaspoon diluted peanut butter.

Substitute the fish for peeled and cleaned shrimp or trimmed green beans cut into 1 inch pieces.

Corn Cazuela
is prepared as above by blending 3 cups of corn kernels in place of the plantains.

Cebiche

es un clásico de mariscos encurtidos, disfrutado en el almuerzo o en el desayuno. También hemos incluido una receta usando hongos en vez de mariscos. Sírvalo en un cuenco pequeño con una cucharita. Chifles, patacones y/o canguil, limón, y una cerveza helada son acompañantes auténticos.

Cebiche de Camarón

40-50 camarones por libra es un buen tamaño para cebiches. Si son mas grandes, podría necesitar cortarlos y/o aumentar el tiempo de cocción.

1 libra de camarón, pelado, limpio
6 Cucharadas de jugo fresco de limón
1 cucharadita de sal
1 cebolla colorada
1/2 Cucharada de jugo fresco de limón
1/2 pimiento, sin semillas (opcional)
1/2 tomate grande (opcional)
1/2 taza de jugo fresco de naranja
6 Cucharadas de salsa de tomate
2 Cucharadas de aceite de oliva
1 Cucharada de culantro picado

Pruebe encurtiéndolos en un recipiente con una tapa segura, y dele una que otra batida para asegurar una cobertura pareja.

COCINAR el camarón por 1 minuto en 2 tazas de agua hirviendo. CERNIR y guardar 1 taza del agua. MEZCLAR el jugo de limón y la sal en una bandeja plana, no metálica. ENCURTIR el camarón en el jugo de limón en la refrigeradora por 1 hora. ENCURTIR la cebolla con 1/2 C. de jugo de limón (p.28). CORTAR el pimiento y el tomate en cubitos. AÑADIR los vegetales y la cebolla al camarón encurtido. AÑADIR y mezclar el agua guardada y el resto de los ingredientes.

Cebiche

(Say-be-chay) is a marinated seafood classic enjoyed for lunch or breakfast. We've also included a recipe using mushrooms instead of seafood. Serve in a small bowl with a teaspoon. Plantain chips a/o popcorn, lime, and an ice cold beer are authentic accompaniments.

Shrimp Cebiche

1 pound shrimp, peeled and cleaned
6 Tablespoons fresh lime juice
1 teaspoon salt
1 red onion
1/2 Tablespoon fresh lime juice
1/2 green pepper, deseeded (optional)
1/2 large tomato (optional)
1/2 cup fresh orange juice
6 Tablespoons ketchup
2 Tablespoon olive oil
1 Tablespoon minced cilantro

40 to 50 count (shrimp per pound) shrimp are a nice size for cebiches. If they are larger you might need to cut them in half a/o increase cooking time.

COOK shrimp for 1 minute in 2 cups boiling water. STRAIN and save 1 cup of the cooking water. MIX lime juice and salt in a large, flat, non-metallic container. MARINATE shrimp with lime juice in refrigerator for 1 hour. CURE onion with 1/2 T lime juice (p.29). DICE green pepper and tomato into small pieces. ADD onion and vegetables to marinated shrimp. MIX in the reserved water and remaining ingredients.

Try marinating in a container with a lid, then just give it a shake now and then to assure even coverage.

Tomate y pimiento son opcionales, como en la receta anterior.

Si el pescado crudo le resulta incómodo, ponga los pedazos de pescado en un colador y viértale 1 litro de agua hirviendo, que se haya enfriado un poquito, antes de encurtirlo.

La gente cree que el Cebiche es un buen remedio para el chuchaqui.

Cebiche de Pescado

1 libra de pescado (filetes de Dorado)
1/2 taza de jugo fresco de limón
1 Cucharada de sal
2 cebollas coloradas
1 Cucharada de jugo fresco de limón
1 Cucharada de aceite de oliva
1 Cucharada de culantro picado

SACARLE al pescado cualquier espina, carne negra y la piel. LAVAR bien el pescado. CORTAR en cubos de unos 2 cm. ENJUAGAR otra vez. PONER en una bandeja no metálica. MEZCLAR el jugo de limón y la sal. Apenas CUBRIR el pescado con el jugo. ENCURTIR el pescado en la refrigeradora por unas 8 horas, removiendo de vez en cuando para que todo el pescado se cubra. El pescado está "cocinado" cuando cada pedazo se ha tornado completamente blanco opaco. ENCURTIR las cebollas con 1 C. de jugo de limón (p.28). Mezclar el aceite, el culantro y la cebolla encurtida con el pescado encurtido.

Cebiche de Hongos

1/2 libra de cabezas de hongos, lavadas
5 Cucharadas de jugo fresco de limón
1 cucharadita de sal
1 cebolla colorada
1/2 Cucharada de jugo fresco de limón
1/2 tomate
1/2 pimiento
1/2 pepino
1/2 taza de jugo fresco de naranja
1 Cucharada de aceite de oliva
1 Cucharada de culantro picado

Fish Cebiche

1 pound Mahi-Mahi fillet
1/2 cup fresh lime juice
1 Tablespoon salt
2 red onions
1 Tablespoon fresh lime juice
1 Tablespoon olive oil
1 Tablespoon minced cilantro

REMOVE any bones and skin from fish. CUT off any dark meat. WASH fish very well. CUT into half inch pieces. RINSE again. PLACE in a flat, non-metallic container. MIX lime juice and salt. COVER fish with juice. MARINATE fish in refrigerator for at least 8 hours stirring once in a while so all the fish gets covered. The fish is "cooked" when every piece has become completely opaque white. CURE onions with 1 T lime juice (p.29). Stir in oil, cilantro, and cured onion with marinated fish.

Tomato and green pepper are optional, as in previous recipe.

If raw fish makes you squeamish, place the fish pieces in a colander and pour 1 quart boiling water that has cooled a bit over the fish before marinating.

Some people think Cebiche makes a good hangover cure.

Mushroom Cebiche

1/2 pound mushrooms caps, washed
5 Tablespoons fresh lime juice
1 teaspoon salt
1 red onion
1/2 Tablespoon fresh lime juice
1/2 tomato
1/2 green pepper
1/2 cucumber
1/2 cup fresh orange juice
1 Tablespoon olive oil
1 Tablespoon minced cilantro

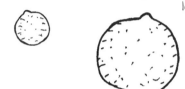

CORTAR los hongos en trozos de 1 1/2 cm. MEZCLAR el jugo de limón y la sal en una bandeja plana, no metálica. ENCURTIR los hongos en el jugo de limón por unas 3 horas. ENCURTIR la cebolla con 1/2 C. de jugo de limón (p.28). LAVAR los vegetales y quitar las semillas. CORTAR en tiras de unos 3 cm de largo y 1/2 cm de ancho. AÑADIR la cebolla, los vegetales y el jugo de naranja a los hongos ya encurtidos. Añadir el culantro y el aceite justo antes de servir.

Encocado

son los platos cocinados en una salsa con coco. Aunque es normalmente hecho con pescado o mariscos, esta receta combina vegetales y camarones. Nos gusta prepararlo para ocasiones especiales.

1/2 libra de camarones
1/2 libra de brócoli, sin lavar
1/2 libra de hongos pequeños, sin lavar
3 Cucharadas de sal
6 Cucharadas de jugo de limón
3 Cucharadas de aliño (p.26)
2 Cucharadas de perejil picado
pimienta negra molida, al gusto
1 pimiento
1 cebolla colorada
2 Cucharadas de achote (p.22)
1 lata de 14 onz. de leche de coco no endulzada o leche de coco hecha en casa (p.88)

BREAK or cut mushroom caps into 1/2 inch pieces. MIX lime juice and salt in a flat, non-metallic container. MARINATE mushrooms in lime juice for about 3 hours. CURE onion with 1/2 T lime juice (p.29). WASH vegetables and remove seeds. SLICE into strips, about 1 inch long and 1/4 inch thick. ADD onion, vegetables, and orange juice to marinated mushrooms. Stir in oil and cilantro just before serving.

Encocado

(En-co-kaw-doe) describes foods cooked in a coconut flavored sauce. While normally made with fish or seafood, this recipe combines vegetables and shrimp. We like preparing this on special occasions.

1/2 pound shrimp
1/2 pound broccoli, unwashed
1/2 pound small mushrooms, unwashed
3 Tablespoons salt
6 Tablespoons fresh lime juice
3 Tablespoons aliño (p.27)
2 Tablespoons minced parsley
ground black pepper to taste
1 green pepper
1 red onion
2 Tablespoons achote (p.23)
1 14 oz. can unsweetened coconut milk or homemade coconut milk (p.89)

Asegúrese de averiguar cuanto demora su pescado o camarón en cocinarse en una salsa hirviendo. Sustráigale dos minutos. Uno por la encurtida y otro por que se sigue cocinando una vez que se apague el fuego.

La leche de coco se corta como la leche de vaca. Remueva en un solo sentido.

Encocado puede hacerse con cualquier vegetal, marisco o pescado. Encúrtalo como de costumbre y ajuste el tiempo de cocción.

PELAR y limpiar el camarón. CORTAR el brócoli en pedazos de 5 cm, sacándole cualquier aspereza de la corteza. CORTAR el final del tallo a los hongos y partirlos por la mitad. MEZCLAR el jugo de limón con la sal. ENCURTIR el camarón y los vegetales con el jugo, en recipientes no metálicos separados. Use 2 Cucharadas de jugo de limón para los camarones y 4 para los vegetales.

MEZCLAR el aliño, el perejil y la pimienta. En 15 minutos, ENJUAGAR los vegetales y los camarones por separado. ALIÑAR con las especias mezcladas el camarón escurrido y los vegetales. Mientras tanto, PREPARAR un refrito (p.26) con el pimiento, la cebolla, el achote y 1 taza de agua. COCINAR a fuego lento por 5 minutos. AÑADIR el brócoli y los hongos al refrito. GUARDAR 1/2 taza de la leche de coco pura. DILUIR el resto de la leche con agua hasta tener 2 tazas. AÑADIR la leche diluida a los vegetales. COCINAR a fuego lento hasta que ablanden, unos 30 minutos.

AÑADIR el camarón. COCINAR a fuego lento por 3 minutos. AÑADIR la leche de coco pura. TAPAR y cocinar por 1 minuto más. No dejar hervir y no revolver. SACAR del calor y dejar cocinar, cubierto, por 1 minuto más. Servir con arroz colorado o blanco.

Encocado de pescado
se prepara reemplazando el camarón y el brócoli con 1 1/2 libras de pescado sin la-

PEEL and clean shrimp. CUT broccoli into 2 inch pieces, peeling off any tough outer skin. TRIM mushrooms and slice in half. MIX lime juice and salt. MARINATE shrimp and veggies with juice, in separate flat bottomed, non-metallic containers. Use 2 Tablespoons lime juice for shrimp and 4 on veggies.

Be sure to find out how long your fish or shrimp needs to cook in a boiling sauce. Subtract two minutes from total cooking time. One for marinating and one because they will continue cooking once sauce is turned off.

MIX together aliño, parsley and black pepper. In 15 minutes, RINSE veggies and shrimp separately. RUB mixed spices into drained shrimp and vegetables. Meanwhile, PREPARE a refrito (p.27) with green pepper, onion, achote, and 1 cup water. SIMMER for 5 minutes. ADD broccoli and mushrooms to refrito. RESERVE 1/2 cup of pure coconut milk. DILUTE remaining milk with water to make 2 cups. ADD diluted milk to vegetables. SIMMER until tender, about 30 minutes.

Coconut milk curdles like cow milk. Stir in one direction.

ADD shrimp. SIMMER 3 minutes. ADD pure coconut milk. COVER and cook 1 minute longer. Do not let boil and do not stir. REMOVE from heat and finish cooking, covered, for 1 more minute. Serve with colored or white rice.

Encocado can be made with any vegetable, seafood or fish. Just marinate as usual then adjust cooking times.

Fish Encocado
is prepared by replacing the shrimp, broccoli and mushrooms with 1 1/2 pounds

var, cortado en 4 o 5 filetes gruesos.
Cocinar a fuego lento con la leche diluida
por 15 minutos antes de añadir la leche
pura de coco.

Leche de Coco hecha en casa

Cocos muy secos
podrian no dar
1/2 taza de
`leche`.

El líquido dentro del coco se conoce
como agua de coco. El jugo extraído de
la comida, es la leche de coco. Preparar
la leche toma tiempo pero es efectivo.

HACER dos orificios al coco pelado café
y velludo o ABRIR un hueco en la parte
superior de un coco verde no pelado.
SACAR el agua de coco y guardarla.

ROMPER el coco pelado o PARTIR por
la mitad el coco no pelado. SACAR la
comida de la cáscara.

RALLAR la comida en el lado fino de un
rallador, sobre un recipiente hondo o algo
que recoja la leche. EXPRIMIR con las
manos la comida rallada sobre un colador.
DEJAR a un lado 1/2 taza de la `leche`.

AGREGAR el agua de coco a la comida
de coco rallada. LICUAR en alta velocidad. CERNIR el líquido de la pulpa pero
no mezclarlo con la leche primera.
DESECHAR la pulpa. De ser necesario,
AÑADIR la leche de coco sobrante y/o
agua de la llave hasta tener 2 tazas.

unwashed fish cut into four or five thick fillets. Simmer with diluted coconut milk for 15 minutes before adding pure coconut milk.

Homemade Coconut Milk

The juice inside a fresh coconut is known in Ecuador as coconut water. The juice extracted from the meat is the coconut milk. Getting the milk is time consuming but effective.

MAKE two holes in the brown hairy peeled coconut or SLICE the top off of a green unpeeled coconut. DRAIN out the coconut water. SET aside.

CRACK the peeled coconut or SLICE the unpeeled coconut in half. REMOVE the meat from the shell.

GRATE the meat on the fine side of a grater into a shallow bowl or something that will catch the milk. SQUEEZE the grated meat over a strainer with your hands. This is the 'true milk'. SET aside 1/2 cup.

Very dry coconuts might not yield 1/2 cup of 'true milk'.

ADD the coconut water to the grated coconut meat. BLEND on high. STRAIN the liquid from the meat but do not mix with the first milk. DISCARD the meat pulp. If necessary, ADD any extra 'true milk' a/o tap water to make 2 cups liquid.

Guatita Vegetariana

es un estofado de papas con salsa de maní. Nosotros usamos gluten en vez del tradicional estómago de vaca (guata).

Hongos, tofú, tempeh o una mezcla de estos, en vez del gluten, también sabe rico.

1 cebolla colorada
1 pimiento
1 taza de agua
1 Cucharada de aliño (p.26)
2 Cucharadas de achote (p.22)
1 libra de gluten (p.14)
1 libra de papas, peladas
5 Cucharadas de mantequilla de maní
2 Cucharadas de culantro picado
1/2 cucharadita de sal, pimienta al gusto

PREPARAR un refrito (p.26) con los primeros 5 ingredientes y una pizca de sal. HERVIR hasta que espese, unos 10 minutos. PICAR el gluten y las papas en cubos de 1 cm. FREÍR el gluten con el refrito por 5 minutos. AÑADIR las papas y 2 tazas de agua a la olla. COCINAR a fuego lento 20 minutos.

LICUAR la mantequilla de maní con 1 taza de agua tibia. AÑADIR y cocinar hasta que las papas estén bien suaves, unos 10 minutos más. SACAR del fuego. AÑADIR, removiendo, el culantro, la sal y la pimienta. Servir en proporción de 1 a 1 con Arroz Colorado (p.32).

Vegetarian Guatita
(Wah-t-tah) is a potato and peanut stew. We use wheat gluten in place of the traditional cow stomach (guata).

1 red onion
1 green pepper
1 cup water
1 Tablespoon aliño (p.27)
2 Tablespoons achote (p.23)
1 pound gluten (p.13)
1 pound potatoes, peeled
5 Tablespoons peanut butter
2 Tablespoons minced cilantro
1/2 teaspoon salt, pepper to taste

Mushrooms, tofu, tempeh, or a mixture of these, instead of gluten, also tastes good.

PREPARE a refrito (p.27) with first 5 ingredients and a pinch of salt. BOIL until thick, about 10 minutes. DICE gluten and potatoes into 1/4 inch pieces. FRY gluten with refrito for 5 minutes. ADD potatoes and 2 cups of water to the pot. SIMMER 20 minutes.

BLEND peanut butter with 1 cup of warm water. ADD to pot and cook until potatoes are very soft, about 10 more minutes. REMOVE from heat. STIR in cilantro, salt, and pepper. Serve in 1 to 1 proportions with Colored Rice (p.33).

Llapingachos

son panqueques de papa majada, pequeños y gordos. Deliciosos y nutritivos, son una buena fuente de proteína cuando son servidos con la tradicional salsa de maní (receta sigue).

unos 10 llapingachos

2 libras de papas, peladas
1 Cucharada de sal
1 Cucharada de achote (p.22)
1/4 taza cebolla blanca picada finamente
2 Cucharadas de perejil picado finamente
1 taza de queso desmenuzado
aceite para freír ligero
1/2 lechuga, lavada y escurrida

CORTAR las papas en cuatro. HERVIR-LAS en agua con sal hasta que el exterior se comience a desmoronar, unos 25 minutos. ESCURRIRLAS y majarlas con el achote hasta que se hagan puré. MEZ-CLAR la cebolla y el perejil con el queso desmenuzado.

FORMAR con un puñado del puré un pocillo sobre la palma de la mano. PONER una cucharada de la mezcla de queso en el pocillo. SELLAR la papa alrededor del queso formando un panqueque de 2 1/2 cm de grueso y unos 7 cm de diámetro. RE-PETIR con el resto de la papa.

FREÍR cada lado hasta que esté café y tostado, en una sartén ligeramente aceitada. CORTAR la lechuga en tiras finas. Servir dos llapingachos sobre la lechuga, con salsa de maní encima. Típicamente se acompañan con huevo frito y arroz.

Llapingachos

(Ya-ping-gah-chose) are fat mashed potato pancakes. Delicious and nutritious, these are a good source of protein when served with the traditional peanut sauce (recipe follows).

about 10 llapingachos

2 pounds potatoes, peeled
1 Tablespoon salt
1 Tablespoon achote (p.23)
1/4 cup finely chopped green onion
2 Tablespoons minced parsley
1 cup crumbled cheese
oil for light frying
1/2 head of lettuce, washed and drained

QUARTER potatoes. BOIL in salted water until outsides begin to crumble, about 25 minutes. DRAIN and mash with achote until smooth. MIX onion and parsley with crumbled cheese.

GRAB a handful of mashed potato and form into a bowl in your palm. PLACE a tablespoon of cheese mixture into bowl. SEAL potato around cheese forming a pancake about 1 inch thick and 3 inches wide. REPEAT with remaining potatoes.

FRY each side until brown and crispy in a lightly oiled skillet. SHRED lettuce. Serve two llapingachos on shredded lettuce, covered with peanut sauce. These are typically accompanied by a fried egg and rice.

Salsa de Maní
1/4 taza cebolla blanca picada
1 cucharadita de aliño (p.26)
1 cucharadita de achote (p.22)
4 Cucharadas de mantequilla de maní
1/2 cucharadita de sal y pimienta al gusto

Esta salsa también
se sirve sobre pa-
pas hervidas.

COCINAR a fuego lento la cebolla, el aliño, el achote y 1/2 taza de agua.
LICUAR la mantequilla de maní con 1 taza de agua tibia. AÑADIRLA con la sal y
la pimienta. REMOVER ocasionalmente
hasta que espese, unos 10 minutos.

Menestra

es un nombre bonito para frejoles o lentejas cocinados, con una
salsa condimentada, hasta que estén bien suaves y semidisueltos.
Sirva la menestra con bastante arroz. Este plato va frecuentemente acompañado con carne o pescado frito. El aceite de oliva sabe bien sobre la menestra.

Tradicionalmente
se usan frejoles
cafés, rojos, ne-
gros o amarillos.
Remójelos al me-
nos por 8 horas o
toda la noche.

2 tazas de frejol seco, remojado
1 tomate
1 cebolla colorada
1 pimiento
1 cebolla blanca
1 taza de agua
1 Cucharada de aliño (p.26)
1 cucharadita de sal
1 plátano Verde, pelado (p.26) (opcional
pero bueno)

HERVIR los frejoles hasta que estén muy,
muy, suaves, por lo menos una hora. RE-
MOVER ocasionalmente para evitar que
los frejoles se peguen. PREPARAR un
refrito (p.26), con los siguiente 7 ingredien-

Peanut Sauce
1/4 cup chopped green onion
1 teaspoon aliño (p.27)
1 teaspoon achote (p.23)
4 Tablespoons peanut butter
1/2 teaspoon salt, pepper to taste

SIMMER onion, aliño, achote, and 1/2 cup
water until soft, about 10 minutes.
BLEND peanut butter with 1 cup warm
water. ADD with salt and pepper to fried
onion. STIR occasionally until thickened,
about 10 minutes.

This sauce is also
served over boiled
potatoes.

Menestra
(May-nay-straw) is a nice name for beans or lentils cooked in a
seasoned sauce until soft and broken. Serve menestra with plenty of rice. This dish is often accompanied by fried fish or meat.
Olive oil tastes good drizzled on top.

2 cups dry beans, soaked
1 tomato
1 red onion
1 green pepper
1 green onion
1 cup water
1 Tablespoon aliño (p.27)
1 teaspoon salt
1 plantain, peeled (p.17) (optional but good)

Medium size
brown, red, black
or yellow dry
beans are tradi-
tionally used. Soak
for at least 8
hours or overnight.

BOIL beans until very, very, tender, at
least an hour. STIR occasionally to keep
from sticking. PREPARE a refrito (p.27)
with next 7 ingredients. BOIL until thick,
about 10 minutes. SET aside. When beans

tes. HERVIR hasta que espese, unos 10 minutos. DEJAR de lado. Cuando los frejoles estén listos, AÑADIR el refrito, la sal, y el Verde rallado o finísimamente picado. COCINAR 10 minutos más, removiendo frecuentemente para semidisolver los frejoles y evitar que se peguen. El agua debe estar al mismo nivel que los frejoles cuando la menestra esté lista. Ni sobre ni bajo, sino la menestra estará muy aguada o muy seca. Añadirle agua si la necesita o dejar evaporar el exceso a fuego lento.

Menestra de Lenteja

se prepara como arriba usando 4 tazas de agua por cada taza de lenteja, sin remojar. Hierva unos 45 minutos.

Menestra combina bien con un huevo frito y salsa de tomate.

Dos métodos para cocinar los frejoles:

1. Use una olla mediana con 2 tazas de agua por cada taza de frejol seco. Añada agua cuando sea necesario, sin dejar que el nivel del agua baje del nivel de los frejoles.

2. Use una olla grande. Agregue 7 tazas de agua por cada taza de frejol seco. Esta debería ser agua suficiente para cocinar frejoles de porte mediano.

La mayoría de las menestras tienen los frejoles semidisueltos. Obtenga esto, removiendo frecuentemente luego de agregar el refrito, cocinándola mas tiempo y/o licuando parte de la menestra.

are ready, ADD refrito, salt, and finely diced or grated plantain. COOK 10 more minutes, stirring frequently to break up beans and keep from sticking. Water should be at the same level as beans when the menestra is finished. Not above or under, otherwise the menestra will be too watery or too thick. Add water if necessary or allow excess to evaporate on low heat.

Menestra tastes good with ketchup and a fried egg.

Lentil Menestra
is prepared as above using 4 cups of water per cup of dry lentils boild for 45 minutes.

Two methods for cooking beans:

1. Use a medium size pot with 2 cups of water for every cup of dry beans. Add water as necessary, never letting water level drop below beans.

2. Use a large soup pot. Add 7 cups of water for each cup of dry beans. This should be enough water to fully cook medium sized beans.

Most menestras have broken beans. Do this by stirring frequently once you add refrito, cooking extra time, a/o blending some of the menestra.

Calentado

es un plato para el desayuno hecho con arroz y menestra. La menestra y el arroz a menudo son preparados en cantidades suficientemente grandes como para que sobre para la mañana siguiente.

MEZCLAR el arroz con la menestra sobrantes. FREÍR en aceite o mantequilla hasta que esté caliente. AÑADIR queso desmenuzado (opcional pero rico) y FREÍR hasta que este se derrita. Servir con huevo frito, tortilla, bolón....

Pescado Frito

es rico en cualquier ocasión. Sírvalo con rodajas de limón, arroz, y ensalada de cebolla y tomate para un toque auténtico.

1 libra de pescado en filetes
1 Cucharada de aliño (p.26)
sal, pimienta, comino
1 taza de harina
aceite para freír

CORTAR el pescado en 4 pedazos. LAVAR bien y secar. FROTAR con el aliño. ESPOLVOREAR con las especies. Dejar REPOSAR mínimo 10 minutos. CUBRIR con harina. FREÍR cada lado en una sartén, hasta que esté dorado. Freír completamente antes de voltear.

Pescado Apanado

se hace como arriba reemplazando la harina por apanadura de pan o galletas de sal.

Calentado

(Kahl-n-tah-doe) is a breakfast dish made with fried menestra and rice. Menestra and rice are often prepared in large enough quantities to have leftovers for the next morning.

MIX leftover rice and menestra. FRY in oil or butter until hot. STIR in some crumbled cheese (optional, but yummy), and FRY until cheese melts. Serve with a fried egg, omelet, bolón....

Fried Fish

tastes good anytime. Serve with cut lime, rice, and onion and tomato salad for an authentic touch.

1 pound fish fillet
1 Tablespoon aliño (p.27)
salt, pepper, cumin
1 cup flour
oil for light frying

CUT fish into 4 pieces. WASH well and dry. RUB with aliño. SPRINKLE with spices. MARINATE at least 10 minutes. COAT with flour. FRY each side in a hot skillet until brown and crispy. Fry completely before flipping.

Breaded Fish

is made as above by replacing the flour with bread or cracker crumbs.

Sango

es un estofado espeso de plátano Verde o choclo, preparado con camarón o pescado. Sabroso y colorido, es un favorito con invitados. Sírvalo en un generoso pocillo con un plato de arroz al lado, y bastantes rodajas de limón.

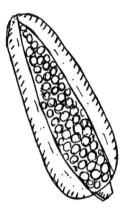

Sango de Choclo con Camarones

2 cebollas blancas
1 cebolla colorada
1 pimiento
1 tomate
2 Cucharadas de achote (p.22)
1 taza de agua
2 Cucharadas de aliño (p.26)
1 libra de camarón, pelado y limpio
3 tazas de granos de choclo
1 rama de apio
2 cucharaditas de sal
2 Cucharadas de culantro, picado

Si el camarón viene con cabeza, guárdelas. Hiérvalas con 2 tazas de agua por 5 minutos. Cierna y use el agua para licuar el choclo o el Verde.

Si usa choclo dulce de EE.UU., fresco, congelado, o enlatado, disminuya el tiempo de cocción y el agua a la mitad.

PREPARAR un refrito (p.26) con los primeros 6 ingredientes más 1 Cucharada de aliño. HERVIR hasta que espese, unos 10 minutos. Mientras, ALIÑAR el camarón con el resto del aliño. LICUAR la mitad del choclo con 2 tazas de agua. AGREGAR el choclo restante y licuar completamente.

AÑADIR el choclo licuado, la sal y la rama de apio al refrito. REMOVER constantemente evitando que se pegue, hasta que el Sango hierva y el choclo se cocine, 15-20 minutos. AÑADIR el camarón y cocinar 3-5 minutos más. AÑADIR el culantro y sacar la olla del fuego. Quitar la rama de apio y servir.

Sango

(Song-oh) is a thick corn or plantain stew cooked with fish or shrimp. Tasty and colorful, this is a favorite with guests. Serve in a generous bowl with a plate of rice and lots of cut lime.

Corn Sango with Shrimp

2 green onions
1 red onion
1 green pepper
1 tomato
2 Tablespoons achote (p.23)
1 cup water
2 Tablespoons aliño (p.27)
1 pound shrimp, peeled and cleaned
3 cups corn kernels
1 celery stick
2 teaspoons salt
2 Tablespoons minced cilantro

PREPARE a refrito (p.27) with first 6 ingredients plus 1 Tablespoon aliño. BOIL until thickened, about 10 minutes. Meanwhile, season the shrimp with remaining aliño. BLEND half the corn with 2 cups water. ADD remaining corn and blend until liquefied.

ADD blended corn, celery stick, and salt to refrito. STIR constantly to keep from sticking, until Sango boils and corn cooks, 15-20 minutes. ADD shrimp and cook for 3-5 more minutes. ADD cilantro and remove from heat. Take out celery stick and serve.

If the shrimp have heads, save them. Boil heads with 2 cups of water for 5 minutes. Strain out heads and use water to blend corn or plantain.

If using US sweet corn, fresh, frozen or canned, cut cooking time and water in half.

Sango de Verde con Camarón

es preparado como arriba reemplazando el choclo con 2 plátanos Verdes pelados (p.16) y cortados en rodajas. Licuarlos bien con 1/3 de taza de mantequilla de maní y 2 tazas de agua. Cocinar por 10 minutos extras antes de añadir el camarón.

Sango de Pescado

Sustituya el camarón con 1 libra de zuccini rebanado en media lunas.

es preparado reemplazando el camarón con 1 liibra de pescado en filetes gruesos. Cortar el pescado en cubos de 5 cm, lavarlo y sazonarlo. Añadirlo 5 minutos antes que el camarón, cocinánadolo hasta que el pescado esté completamente opaco, unos 10 minutos.

Seco

se caracteriza por una salsa semi agria, en la que se cocina carne o pollo. Esta versión usa gluten, y la naranjilla típicamente usada es reemplazada por cerveza.

Si las hay, use 2 naranjillas (p.16) lavadas, peladas, licuadas y cernidas. Añádalas con el gluten. Reduzca la cerveza a la mitad.

Remplace el gluten con tofú o tempeh. Fría el tofú o el tempeh antes de añadirlos.

1 pimiento
1 tomate
1/2 cebolla perla
1/2 Cebolla colorada
1 Cucharada de achote (p.22)
1 Cucharada de aliño (p.26)
1 taza de agua
1 libra de gluten de trigo (p.14)
aceite para freír ligero
1 cucharadita de sal
8 onzas de cerveza tipo pilsener
1 Cucharada de culantro picado
1 cucharadita de ají peruano o páprika
1 cucharadita de maicena

Plantain Sango with Shrimp

is prepared as above by replacing the corn with 2 green plantains, peeled (p.17) and cut into half inch rounds. Blend until liquid with 1/3 cup peanut butter and 2 cups water. Cook for 10 extra minutes before adding shrimp.

Fish Sango

is prepared by replacing the shrimp for 1 pound of thick fish fillet. Cut fish into 2 inch pieces, wash and season. Add 5 minutes before you would the shrimp, cooking until completely opaque, about 10 minutes.

Substitute the shrimp for 1 pound of zucchini sliced into half moons.

Seco

(Say-co) is characterized by a tangy sauce used to cook meat or chicken. This version features wheat gluten, and the naranjilla fruit typically used is replaced by pilsener beer.

1 green pepper
1 tomato
1/2 white onion
1/2 red onion
1 Tablespoon achote (p.23)
1 Tablespoon aliño (p.27)
1 cup water
1 pound wheat gluten (p.13)
oil for light frying
1 teaspoon salt
8 ounces pilsener beer
1 Tablespoon minced cilantro
1 teaspoon ají peruano or paprika
1 teaspoon cornstarch or arrowroot

If available, use 2 naranjillas (p.15) washed, peeled, blended, and strained. Add with wheat gluten. Reduce beer by half.

Replace the wheat gluten with tofu or tempeh. Fry the tofu or tempeh before adding.

103

PREPARAR un refrito (p.26) con los primeros 7 ingredientes. HERVIR hasta que
se forme una salsa espesa, unos 15 minutos. REDUCIR el fuego. CORTAR el gluten en pedazos de 2 1/2 cm. AÑADIR el
gluten, la sal, y 1 taza de agua más al
refrito. COCINAR a fuego lento por 20
minutos, removiendo ocasionalmente. AÑA-
DIR la cerveza, el culantro, y el ají peruano o la páprika. DISOLVER la maicena
en 1/2 taza de agua. En 10 minutos,
AÑADIRLA al Seco. COCINAR por 5 minutos más. La salsa debe de ser líquida
pero suficientemente espesa como para
servirla en un plato. Sírvalo con Arroz
Colorado (p.32).

PREPARE a refrito (p.27) with first 7 ingredients. BOIL until a thick sauce forms, about 15 minutes. REDUCE heat. CUT wheat gluten into 1 inch pieces. ADD gluten, salt, and 1 more cup water to refrito. SIMMER for 20 minutes, stirring occasionally. STIR in beer, cilantro, and aji peruano or paprika. DISSOLVE cornstarch in 1/2 cup of water. In 10 minutes, ADD to Seco. COOK 5 more minutes. The sauce should be liquidy, but thick enough to serve on a plate. Serve with Colored Rice (p.33).

postres y bebidas

Las frutas frescas son el postre tradicional del trópico, sin embargo, también se sirven ensaladas de frutas y pudines. Hemos incluido algunas bebidas únicas para poner el toque final en sus comidas.

Arroz con Leche

es un cremoso y rico postre normalmente servido bien frío en tazones individuales. Nos gusta caliente, tibio o frío, como desayuno, bocadillo o postre.

1/2 taza de arroz
3 tazas de agua
1/4 cucharadita de clavo de olor molido
2 ramitas de canela
1 cucharadita de mantequilla
1 1/2 tazas de leche
2/3 taza de azúcar
canela en polvo (opcional)

Pruebe agregando algunas de sus especias favoritas, como anís, nuez moscada, y/o vainilla.

Agregue 1/4 de taza de pasas u otra fruta seca picada, como dátiles, junto con la leche.

LIMPIAR y lavar el arroz si es necesario. HERVIR arroz, agua, especias, y mantequilla. COCINAR a fuego lento unos 25 minutos, removiendo con una cuchara de madera (p.14), evitando que se espume o se pegue. Una vez que la mayoría de los granos se hayan abierto, REDUCIR el fuego para que el arroz hierva lentamente pero no haga espuma.
AÑADIR el azúcar y la leche lentamente, removiendo constantemente en una sola dirección. COCINAR hasta que espese, unos 10 minutos más. SACAR las ramitas. PONER en tazas de postre. ROCIAR con canela en polvo. Refrigerar bien.

desserts and drinks

Fresh seasonal fruit is the traditional dessert of the tropics, however, puddings and fruit salads are also served. We've included some unique drinks to put the finishing touch on your meals.

Rice Pudding

is a rich and creamy dessert normally served cold in individual cups. We like it hot, warm, or cold, as breakfast, snack or dessert.

1/2 cup rice
3 cups water
1/4 teaspoon ground cloves
2 cinnamon sticks
1 teaspoon butter
1 1/2 cups milk
2/3 cup sugar
ground cinnamon (optional)

CLEAN and wash rice if necessary. BOIL rice, water, spices, and butter. SIMMER about 25 minutes, stirring with a wooden spoon (p.19) as it foams and to keep from sticking. Once most of the grains have opened, REDUCE heat so rice is simmering but not foaming.

Try adding some of your favorite spices. We like anise, nutmeg, a/o vanilla.

Slowly, ADD milk and sugar stirring constantly in one direction. COOK until thick, about 10 more minutes. REMOVE cinnamon sticks. SPOON into dessert cups. SPRINKLE with cinnamon. Chill until very cold.

Stir in 1/4 cup raisins or other diced dried fruits like apricots or dates. Add with the milk.

Arroz con Leche y Chocolate

se prepara decorando las tazas llenas, con chocolate derretido o con pepitas de chocolate, antes de refrigerar.

Come y Bebe

como su nombre lo indica, es una ensalada de frutas tan jugosa que se sirve en un vaso con una cuchara. Es un buen regalo para compartir con amigos.

*Badea es un tipo de melón que crece en Ecuador. Tiene una comida blanca dulce y semillas comestibles. Puede sustituirlo con otro tipo de melón.

Pruebe con otras frutas suaves de temporada finamente picadas.

1 taza de jugo de naranja fresco
1 guineo, pelado
1 taza de sandia cortada en cubitos
1 taza de papaya cortada en cubitos
1 taza de melón cortado en cubitos
1/2 taza de badea* (opcional)
1/2 taza de piña cortada en cubitos
1/3 taza de azúcar
1/4 cucharadita de esencia de vainilla

PONER el jugo en una ensaladera grande.
REBANAR el guineo finamente.
REVOLVER en el jugo todos los ingredientes. Refrigerar por mínimo 30 minutos.

Limonada

es una bebida de limón, consumida a diario por todo Ecuador.

6 Cucharadas de jugo fresco de limón
1/4 taza de azúcar o al gusto
1 litro de agua

MEZCLAR el azúcar en el jugo de limón hasta que se disuelva. AÑADIR el agua. REVOLVER. Refrigerar bien.

Rice Pudding with Chocolate

is made by decorating the filled dessert
cups, before chilling, with melted chocolate
or chocolate chips.

Come y Bebe

(Co-may e Bay-bay) as the name indicates, Eat and Drink, is a
fruit salad so juicy it is served in a drinking glass with a spoon.
This is a nice treat to share with friends.

1 cup fresh squeezed orange juice
1 banana, peeled
1 cup diced watermelon
1 cup diced papaya
1 cup diced melon
1/2 cup badea* (optional)
1/2 cup diced pineapple
1/3 cup sugar
1/4 teaspoon vanilla

*Badea is a melon
that grows on the
equator. It has
sweet white flesh
and edible seeds.
You can substitute
this with another
kind of melon.

PLACE juice in a large bowl. SLICE
banana thin. STIR everything into juice.
Chill for at least 30 minutes.

Try this with any
finely diced, soft,
seasonal fruits.

Lime-Aide

is a lime juice drink consumed daily throughout Ecuador.

6 Tablespoons fresh lime juice
1/4 cup sugar or to taste
1 liter water

MIX sugar with lime juice until dissolved.
STIR in water. Chill well.

Manjar de Leche

es un postre para untar, hecho a base de leche fresca o enlatada. Úntelo en su galleta o pan favorito, o pruébelo como una 'salsa' para rodajas de manzana. Esta es una comida divertida para un día de campo, traiga la lata sin abrir y acábesela toda.

1 lata de leche condensada azucarada
1/4 cucharadita de canela molida (opcional)
1/2 cucharadita de esencia de vainilla
  (opcional)

Si usa una olla grande, haga 2 o 3 latas de manjar. Guarde las latas sin abrir en el refrigerador.

PONER la lata sin abrir, sin la etiqueta, en una olla con agua que cubra completamente la lata. COCINAR a fuego lento por 2 horas, añadiendo agua cuando sea necesario. REFRIGERAR la lata sin abrir por mínimo 4 horas. Es muy importante dejar ENFRIAR la lata completamente antes de abrirla, si no saldrá un chorro caliente a presión. Añadir removiendo, la canela y/o la vainilla. ¡Mmmm!

Quaker

es una bebida espesa frutosa de avena, disfrutada a lo largo de la costa. Usualmente hecho con naranjilla, la variación con piña es igualmente deliciosa. Sírvalo atravez del día, todos lo aman.

2 litros

1 taza de avena
6 naranjillas
5 tazas de agua
1 taza de azúcar
8 clavos de olor
1 ramita de canela o 1/2 cucharadita
  molida

REMOJAR la avena en 1 1/2 tazas de

Manjar de Leche

(Man-har day Lay-chay) is a caramel dessert spread made from fresh or canned milk. Spread it on your favorite bread or cracker or try as a dip for apple slices. This is fun picnic food, bring the unopened can and eat it all.

1 can sweetened condensed milk
1/4 teaspoon ground cinnamon (optional)
1/2 teaspoon vanilla (optional)

PLACE unopened can with label removed in a pot of water so it is completely covered. SIMMER for 2 hours, adding more water as necessary. REFRIGERATE unopened can at least 4 hours. It is very important to COOL the can completely before opening, otherwise it squirts everywhere. Stir in the cinnamon a/o vanilla. Mmmm!

If using a large pot, make 2 or 3 cans of manjar at a time. Store unopened cans refrigerated.

Quaker

(Kwah-cur) is a thick fruity oat drink enjoyed along the coast. Usually made with naranjilla fruit, the pineapple variation is equally delicious. Serve it throughout the day, everybody loves it.

2 quarts

1 cup instant oats
6 naranjillas
5 cups of water
1 cup sugar
8 cloves
1 cinnamon stick or 1/2 teaspoon ground

SOAK oats in 1 1/2 cups water for 15

agua por 15 minutos. SACAR la parte
café de la naranjilla. LAVAR y rasparle la
pelusa a la piel. EXPRIMIR la fruta lavada
en pedazos chicos dentro de una olla
grande. AÑADIR a la olla el agua y el
resto de los ingredientes, excepto la avena. HERVIR. AÑADIR la avena. COCI-
NAR a fuego lento, removiendo ocasionalmente, hasta que espese, unos 10 minutos.
ENFRIAR levemente. CERNIR el jugo a
una jarra. REFRIGERAR. Revolver antes
de servir.

Quaker de Piña

se prepara reemplazando la naranjilla con
2 tazas de pedazos de piña fresca o enlatada, licuadas con 1 taza de agua. La
piña licuada puede ser sustituida por 12
onzas de jugo concentrado de piña. Si usa
el concentrado, aumente el agua a 6 tazas y reduzca el azúcar a 2/3 de taza.
Esto es fácil y rico.

Resbaladera

es una bebida cremosa hecha de arroz, avena y leche. Se llama
así porque resbala tan fácilmente del vaso a su barriga.

2 litros

1/2 taza de arroz
3 Cucharadas de avena
4 tazas de leche
1 taza de azúcar
1 1/2 cucharaditas de esencia de vainilla
2 ramitas de canela

LIMPIAR y lavar el arroz si es necesario.
REMOJARLO en 1 taza de agua por

minutes. CUT off the naranjilla tops.
WASH and scrape the hairs off skin.
SQUEEZE cleaned fruits into small pieces
inside a large pot. ADD water and remaining ingredients, except oats, to naranjilla
pulp. Bring to BOIL. ADD soaked oats.
SIMMER, stirring occasionally, until Quaker
has thickened, about 10 minutes. COOL
slightly. STRAIN juice into a pitcher. DIS-
CARD strained solids. CHILL well. Stir
before serving.

Pineapple Quaker
is made by replacing the naranjilla with 2
cups of fresh or canned pineapple chunks
blended with 1 cup of water. The blended
pineapple can be substituted for 12 ounces
of unsweetened pineapple juice concentrate. If using the concentrate increase
water to 6 cups and reduce sugar to 2/3
cup. This is easy and good.

Resbaladera
(Rays-ball-ah-dare-ah) is a creamy drink made from rice, oats and
milk. The name means slide because it slips so easily from the glass
to your tummy.

2 quarts

1/2 cup rice
3 Tablespoons instant oats
4 cups milk
1 cup sugar
1 1/2 teaspoons vanilla
2 cinnamon sticks

CLEAN and wash rice if necessary.
SOAK in 1 cup of water for 12 hours.

12 horas. Cuando el arroz esté listo, REMOJAR la avena en 1 taza de agua por 10 minutos. LICUAR bien el arroz remojado con su propia agua. CERNIR a una olla. DESECHAR los sólidos (casi todo el arroz debería estar suficientemente chico como para pasar por la cernidera). ENJUAGAR la licuadora con 1 taza de agua y añadir a la olla. AÑADIR la avena remojada y el resto de los ingredientes.

Remueva en una misma dirección, mientras disfruta de una taza de té o café, y un libro.

COCINAR a fuego medio por 10 minutos, removiendo frecuentemente para evitar que se pegue. SUBIR la temperatura a medio alto. REMOVER constantemente hasta que la leche espese, de 5 a 10 minutos más. ENFRIAR levemente y cernir a una jarra. DESECHAR los sólidos. REFRIGERAR. Revolver antes de servir como aperitivo, bocadillo o postre.

When rice is ready, SOAK oats in 1 cup water for 10 minutes. BLEND soaked rice with its water until liquefied. STRAIN into a heavy saucepan. DISCARD any strained solids (most of the rice should be small enough to go through strainer). RINSE blender with 1 cup of water and add to pot. ADD soaked oats and remaining ingredients.

SIMMER on medium for 10 minutes, stirring frequently to keep from sticking. INCREASE temperature to medium high. STIR constantly until milk has just thickened, 5 or 10 more minutes. COOL slightly and strain into a pitcher. DISCARD strained solids. CHILL completely. Stir before serving as an appetizer, snack, or dessert.

Stir in one direction while you enjoy a cup of tea or coffee and a book.

GRACIAS
THANK YOU

Gracias a los cocineros de Ecuador que han dado tiempo para compartir su conocimiento:

Thanks to the cooks of Ecuador that have taken the time to share their knowledge:

Julia, Monse, Pía, Rocío de Puerto Manabita, María Ponce en Playas, Cerela, la Tía Isabel, Iralda, Pablo en Montañita, chica de Olón, Rubí, Roscoe, Rósula, Simón, Teresa y en Galápagos, Carmen, Fanni y Mirella.

También está la gente que ha ofrecido de buena gana su tiempo, experiencia culinaria, y paladar, en Ecuador y Estados Unidos (Montana, Vermont):

And then there are the people who have willingly offered their time, cooking experience, and tastebuds in Ecuador, Montana, and Vermont:

Morita, Nonoi, Domi, los Juanes, Profe, Elke, Bolo, Erika, Nacho, David, la familia Franco, Azuca, Ecu@dor Explorer, Diana, Lora and Haley, James, Penny, Lara, Bettina, Molly, Kris King, Lorei, Jim, the Buchanan family

y todos los demás.

and everyone else.

Muchos autores dicen esto, pero la verdad es que sin una ayuda amistosa, no lo podríamos haber logrado.

Authors often say this, but the truth is that without friendly help we could not have done this.

índice
en español

117

118

G l o s a r i o   E s p a ñ o l

achote	achiote, anato, anoto	culantro	cilantro
		guineo	banana, cambur
aguacate	palta	Maduro	plátano maduro
ají	chile	maní	cacahuate
camarón	gamba	naranjilla	lulo
canguil	palomitas de maiz, pochoclo	papas	patatas
		papaya	lechosa
choclo	maiz tierno	Verde	plátano verde
chuchaqui	resaca	yuca	mandioca

english

index

Notas / Notes

COMEDOR YESSENIA Nº 31

ESPECIALIDADES EN MARISCOS, PLATOS TIPICOS Y A LA CARTA.
DIRECCION: EN EL MALECON DE PLAYAS, FRENTE AL
GENERAL VILLAMIL — GUAYAS — ECUADOR

MENU

Ceviche de Camarón

Ceviche de Concha

Ceviche de Pescado

Ceviche de Calamar

Ceviche Mixto

Ceviche Marinero.

Ceviche de Pulpo

Sopa Marinera

Sancocho de Pescado

Chupa de Pescado

Sopa de Camarón

Arroz Marinero

Arroz con Concha

Arroz con Calamar

Arroz Mixto

Cazuela

Camarones Apanado

Conchas Asadas

Sango de Camarón

Almuerzos

Corvina Frita

Filete de Corvina

Churrasco

Apanado

Colas

Cervezas

Arroz con Camarón

GRACIAS POR PREFERIRNOS

La Cocina Ecuatoriana   The Ecuador Cookbook